U0840116

中国经济与管理

2018

第 一 辑

2018

第一辑

中国经济与管理

颜廷君　顾建光　主编

中国书籍出版社
China Book Press

图书在版编目（CIP）数据

中国经济与管理 . 2018. 第一辑 / 颜廷君，顾建光主编 .— 北京：
中国书籍出版社，2018.4
ISBN 978-7-5068-6848-8

Ⅰ . ①中… Ⅱ . ①颜… ②顾… Ⅲ . ①中国经济–经济管理–文集
Ⅳ . ① F123-53

中国版本图书馆 CIP 数据核字（2018）第 070116 号

中国经济与管理 · 2018 · 第一辑

颜廷君　顾建光　主编

图书策划　牛　超　崔付建
责任编辑　成晓春
责任印制　孙马飞　马　芝
出版发行　中国书籍出版社
地　　址　北京市丰台区三路居路 97 号（邮编：100073）
电　　话　（010）52257143（总编室）（010）52257140（发行部）
电子邮箱　eo@chinabp.com.cn
经　　销　全国新华书店
印　　刷　三河市华东印刷有限公司
开　　本　787 毫米 ×1092 毫米　1/16
字　　数　245 千字
印　　张　13
版　　次　2018 年 4 月第 1 版　　2018 年 4 月第 1 次印刷
书　　号　ISBN 978-7-5068-6848-8
定　　价　68.00 元

前　言

中国梦，是国家富强、民族复兴之梦，是人民幸福、社会和谐之梦。实现中国梦需要走正确的道路，需要依仗国家的力量，更需要全体中国人的担当。空谈误国，实干兴邦，全国人民的智慧和汗水托起中国梦！

国家兴亡，匹夫有责。编辑出版《中国经济与管理》丛书是“匹夫”的圆梦之举。我们拥有的不是伯乐相马的眼光或某种资历，而是勇气和担当。这里，“经济”除了国民经济及经济基础的含义外，我们还赋予它经国济民这一内涵；我们把“管理”从制度化、规范化扩展到文化管理范畴。这样，“经济”、“管理”和“文化”三大板块漂移到一起，叠加、交融、崛起，以形成世界屋脊的高度横空出世。

《中国经济与管理》丛书内容包括经济生态、公共管理、新视野、实践前沿、文化生态等。我们不画地为牢，栏目设计本着大体则有、具体则无的原则。内容或原创，或选编，从宏观到微观。可以是经国济世之大计，也可以是组织谋生之道；可以是社会价值坐标，也可以是人生哲学；可以是高手“华山论剑”，也可以是草根“螺蛳壳里做道场”。我们崇尚探索、开拓、创新，立足于“建设”，同时不回避问题，任何论题，只要有益于国家利益和发展大局，均在深入研讨之列。

表达方式上，我们不屑于虚张声势、故弄玄虚，摈弃陈词滥调、条条框框；追求举重若轻、深入浅出，追求花儿带露开般的鲜活。

《中国经济与管理》丛书集思广益，汇聚、萃取当代“诸子百家”在经济、管理和文化领域的研究成果、实践经验、人生智慧、人文情怀，以“精确制导”的方式传播，为中国经济与管理的主体和“文化人”开阔视野、提高决策能力、管理水平以及文化素养服务，为实现“中国梦”增添正能量。

选书读书如同择偶，盲目或不慎徒耗生命与精力。书籍浩如烟海，《中国经济与管理》中的作品（尽管有许多出自大家手笔）倘有一篇入你法眼，深感欣慰；有两篇心中窃喜；有三篇大喜过望，可引为知己；再多不敢奢求。

目　录

新视野

文化生态

实践前沿

经济生态

隆国强　国务院发展研究中心研究员，经济学博士。著有《大国开放与粮食流通》、《跨国产业转移与产业结构升级》（主笔）、《加工贸易——工业化的新道路》（主笔）、《中国服务贸易》（主笔）等。

新旧动能转换的意义、机遇和路径

隆国强

新旧动能转换既是一个实践问题，也是一个理论问题。目标已经很明确，但是路径还在探索中。在这里，我谈几点个人浅见。

深刻理解培育新动能、实现新旧动能转换的战略意义

习近平总书记、李克强总理在很多场合对新旧动能转换的战略意义、目标和方向等做了深刻阐述。培育新动能、实现新旧动能转换，首先是把握和引领新常态的要求。经过30多年高速增长之后，中国经济发展进入了新常态。这不是一个短期的周期变化，而是一个阶段性变化。新常态是我们认识和理解现阶段中国经济的大逻辑。我们要认识、把握，特别是引领新常态，本质上就是要实现新旧动能的转换。习近平总书记多次讲过新常态的三个基本特点：速度换挡、结构升级、动能转换。随着国内发展形势的变化，传统的经济发展动能在衰竭，需要寻找、培育新动能，才能真正引领新常态。所以，要从引领新常态的高度来认识培育新动能的重大意义。

其次，培育新动能、实现新旧动能转换，是落实新发展理念的要求。在总结人类发展的历史经验和我们自己发展的经验教训的基础上，十八届五中全会提出了“创新、协调、绿色、开放、共享”的新发展理念。新发展理念之“新”，在于它的整

体性、系统性和协同性。它不是只强调其中的某一点，而是要把五大理念有机地结合起来，并且在实践中加以落实。要落实新发展理念，必须有新的动能。过去我们靠大量的资源投入、很高的环境成本和社会成本来驱动经济取得高速增长，这是不可持续的。新发展理念就是针对过去的旧动能提出要培育新动能，所以新动能要体现新发展理念的要求。

再次，培育新动能是中国实现跨越中等收入阶段的内在要求。经过这些年的努力，我们取得了巨大的成绩，从低收入国家变成了中等收入国家，正在迈向高收入国家。可能有很多人认为这是一个自然而然的过程，现在人均收入 8000 多美元，跨过人均 1.2 万美元的门槛，能够很顺利地进入高收入阶段。如果我们看一看其他国家发展的历史，情况也许不是那么简单。世界银行曾经做过评估，“二战”结束以后，有 110 多个经济体先后从低收入阶段实现经济起飞，进入了中等收入阶段，但是经过了“二战”结束至今的 70 多年，从中等收入进入高收入的经济体只有 13 个。也就是说，只有 10% 左右的经济体顺利实现了这样的跨越。世界银行说中等收入是一个“陷阱”，这是一种描述，理论界对此有争论，有些专家认为“中等收入陷阱”是个伪命题，但是从实践的角度看，实现这个跨越的确不是一件顺理成章的事。正如托尔斯泰说的，“不幸的家庭各有各的不幸”，那些没有实现跨越的经济体各有不同的原因，有的是政治动荡，有的是国内经济发展战略失误，有的是遇到了金融危机、经济危机、社会危机等；“而幸福的家庭都是一样的”，实现跨越的经济体，无一例外地实现了在不同发展阶段的新旧动能转换和接续。对中国而言，已经达到人均 8000 多美元的中等收入，这是一个巨大的发展成就，但是往前看，要想跨越“中等收入陷阱”，顺利地进入高收入阶段，必须培育新动能。

因此，无论是从落实中央提出的新发展理念、中央的战略部署，还是实现发展阶段跨越的角度看，培育新动能、实现新旧动能转换都是一件影响全局的大事。我们要从这个高度认识这项工作的重要性。

培育新动能，要牢牢把握好各种战略性机遇

在工作中，大家都知道“谋定而后动”“顺势而为”可以事半功倍。“顺势而

为”就是准确地判断形势，同时把握住一些战略性机遇。对于今天的中国来说，实现新旧动能转换面临着很多战略性机遇。

第一，以信息技术为代表的新一轮技术革命和产业变革，其中蕴含着巨大的机遇。

大家可能已经观察到，新一轮技术革命，特别是信息技术革命，已经深刻地影响到我们的生产生活方式。近些年，我们的生活发生了很大改变，比如购物方式的变化、智能手机的应用等。生产方式也在改变，各种新产品、新服务、新商业模式层出不穷、出人意料。

很多人判断，信息技术革命可能才刚刚起步，未来会怎样发展、会把人类社会引往什么方向，还有很多不确定性。但是我们能够确定的是，在新技术革命和产业变革的时代背景下，会带来很多新的技术、新的产品、新的服务、新的模式，也就是我们所说的“四新”，这里面蕴含着巨大的发展机遇。我们把握好了，它就会成为引领我们发展的新动能；如果把握不好，我们这些年一直在努力追赶和缩小的同发达国家之间的差距还会再次拉大。

回顾一下历史就会发现，这些领先的国家，各领风骚数百年。中国人很幸运，我们领先了两千年，在农耕时代是全世界最发达的国家，那时候的技术革命很慢。现在，技术革命越来越快，可能一个国家领先不了几百年，只能领先几十年。全球格局的变化，从根本上说，就在于哪些国家能够把握住重大技术革命、产业革命带来的机会，从而异军突起。

第二，从需求侧看，我们本土的大市场，是培育新动能的宝贵优势，也是我们的机遇。

中国的高速铁路、微信、移动支付、共享单车等被称为“新四大发明”的新技术、新产品、新商业模式，之所以取得成功，我们本土的大市场发挥了重要作用。技术创新、品牌培育，都是要靠规模来分摊成本的，如果是一个市场狭小的地方，开展研发、培育品牌的成本会相当高。所以，我们推动转型升级，一定要高度重视并用好大市场的优势。

同时，我们正处在一个消费结构快速升级的时期。中国有1亿多（有人说是3亿）中产阶层，比很多发达经济体的总人口都多，这个市场的变化特别是消费升级的快速变化给新的产品、新的服务提供了需求支撑，可以促进创新，无论是技术的创新还是商业模式的创新。

另外，我们正处在绿色转型发展的过程中。以前我们经常把环境保护和经济发展放在对立的角度，但是经过实践，特别是中央提出新发展理念之后，我们认识到绿色发展本身就是发展的新动能，会带动节能环保的新技术、绿色发展的新模式等。

第三，中国在供给侧形成了培育新动能的很多优势，也是培育新动能的机遇。

比如完善的基础设施，这个大家都已经看到了。再比如人力资源。过去我们参与全球竞争靠的是什么？靠的是低成本蓝领工人。随着我们的发展，人均工资水平提高了——从发展成果的角度来说，这是一件非常好的事情。习近平总书记一直强调要实现“以人民为中心”的发展，我们的目标就是让全国人民分享发展的成果，改善每一个人的福祉。但是，从参与全球竞争的角度来说，我们也要看到，传统的依赖低成本劳动力的竞争优势在弱化。那么今后，我们靠什么来参与全球竞争？我国每年毕业大学生 700 多万，其中有近 300 万理工科学生。培育新动能的一个很重要内容是技术创新。技术创新就要靠研发，靠人力资源。我们要发挥人力资源优势推动创新发展，使技术密集的产品和服务形成国际竞争力，这就是在培育新的动能。

除了人力资源的优势，我们还有产业配套能力的优势，它能够有力地支撑我们的产业进一步升级和新技术产业的发展。举个例子：深圳有个做无人机的大疆公司，创业时间不长，大疆公司前些年到美国参加拉斯维加斯电子展——这是全球专业性最强的电子展。当时美国有一家 3D Robotics 公司，也是做无人机的，它的无人机技术水平比大疆要高一点。许多风险投资给了 3D Robotics 公司很高的市场估值，认为这家公司非常有前景。可是，就在这次电子展之后，3D Robotics 公司的董事会决定放弃无人机业务。为什么？因为他们的小型民用无人机售价为 3000 美元，而大疆只要 800—1000 美元。大疆靠的是什么？技术创新当然是靠团队，但是能够迅速地、低成本地实现产业化，靠的是我们在珠三角甚至在更大范围的沿海地区形成的非常齐全的、高效率的产业集群。现在，那家美国公司已经转行做软件，而大疆公司的小型民用无人机市场占有率已超过了全球的一半。

所以，从供给侧来看，齐全的产业配套是支撑我们产业升级——无论是传统产业转型升级还是新产品新技术开发——的有力优势。我们处在这样一个新的发展阶段，培育新动能、实现新旧动能转换既面临巨大的机遇，也有着坚实的基础。

培育新动能需要处理好三个方面的关系

培育新动能是项复杂、系统的工作，要做多方面的设计和探索。其中，我强调要处理好三个方面的关系——这只是我认为非常重要的三个关系，绝不是全部。

第一，要处理好前沿技术创新和传统产业升级的关系。一讲到新动能，很多同志高度重视前沿技术创新。如前面所讲的，我们面临着信息技术、新能源、新材料、航天技术等技术革命带来的机遇，盯住这些前沿技术的创新，毫无疑问是正确的。但是，我们还要看到，传统产业占整个经济存量的比重达90%，甚至更高。所以，我们的目光不仅要盯住前沿技术创新，也一定要盯住传统产业，包括一产、二产、三产，它们都有一个培育新动能的过程。一方面，我们要在原有的车道上奋起追赶；另一方面，也要用好新的技术改造提升传统产业。这当中有很多案例，比如青岛红领，就是做服装的传统产业，但是他们用好了信息技术，进行定制化、个性化生产，企业的附加价值大大增加了。大家在注重前沿技术创新的同时，千万不要忽视传统产业转型升级，这都是新动能的内涵。

第二，要处理好技术创新和商业模式创新的关系。以往，技术创新和商业模式创新，看上去是泾渭分明的两件事。但是现在，在以信息技术革命为代表的新一轮技术革命推动下，两者越来越难分了，很多新技术革命同时蕴含着商业模式的创新。比如网约车、共享单车，还有阿里巴巴的淘宝。有人说，这不就是把大市场搬到网上去了吗？其实不是这么简单，里面有很多技术和商业模式的创新。首先是支付宝。购货的人和卖货的人彼此不认识，也见不着面，你把钱给了他，他要骗你怎么办？支付宝就是一个很重要的创新。但支付宝并不是凭空创新，它跟原来做外贸时的信用证道理是一样的。你把钱放在支付宝里面，完成交易后，你满意了告诉我，我再把钱给他，这就消除了彼此之间的不信任感带来的交易障碍。今天的网上消费者还给每个商家打分，这个打分很厉害，可以供后来的消费者参考，所以商家特别在乎客户的评价。这当中用了信息技术，有新技术创新，也有商业模式的创新。

国务院发展研究中心前年在开展“信息技术革命与经济转型发展”课题研究时，

提出了一个“2+2”战略。前一个“2”是指前沿技术创新和传统产业转型升级；后一个“2”就是技术创新和商业模式创新，要把它们有机结合起来。

第三个关系是最重要的，就是要处理好市场和政府的关系。十八届三中全会提出要“使市场在资源配置中起决定性作用”，同时还有另半句话，“更好地发挥政府作用”——不是“更多地”发挥，是“更好地”发挥。最近经济学界关于产业政策的讨论特别热烈，背后的问题就是政府的作用到底该有多大、政府该怎么发挥作用，也就是政府和市场的关系。我们发现，世界上有些国家的区位、资源条件都差不多，但发展差距很大。如果把时间轴拉长几百年就会看得清楚，一个国家的兴衰从根本上取决于政府的战略和治理能力。在培育新动能时也要处理好政府和市场的关系，政府不是替代市场发挥作用，而是要从理念、监管方式和手段等方面作出调整和改变。

从理念上说，中国的新经济之所以能够快速发展，很重要的一点，是由于我们秉持了包容创新的理念。有许多新模式的出现，是同原有的监管法律法规相矛盾的，比如网约车，就和原来的出租车管理相矛盾。Uber 出现以后，在有些国家甚至是违法的，不被允许。但是中国不是这样，对于很多新模式，我们让它先发展，后规范，在发展的基础上规范、引导。而不是僵硬地认为你的创新和现有的监管法律法规是矛盾的，所以不让你做。如果那样，就会大大地抑制创新。政府的理念应当是，既坚持依法行政，也要包容创新。

培育新动能，从根本上说要靠体制机制的改革。过去我们通过改革开放，形成了一套能够强有力地动员资源、投入大量生产要素从而实现快速追赶的模式，背后就是一种体制的支持。今天，我们说培育新动能要更多地靠创新，这就需要有一套真正能够激励、引导、保护创新的体制机制。改革绝对不是局部的，不是某一个点，而是系统的，我们要分清轻重缓急，把对于促进创新最重要、最直接的体制改革放在前面。

政府在不同领域的做法也应不一样。比如日本，在战后很长一段时间是一个追赶型经济体，它的政府和企业之间形成了一个以产业政策为手段的有效体制机制，成功实现了快速追赶。但是当它站到技术前沿的时候，情况可能就不一样了。比如，十几年前传统电视开始迈向高清电视，日本通产省找了五家大企业，通产省出 50%

的研发资金，五大企业各出10%，共同研发高清晰度电视，并且取得了成功。他们做的是什么呢？是传统的模拟技术。当这个产品研发成功、刚刚投向市场时，没有人想到数字技术革命带来了颠覆性影响。今天我们看到的高清电视全部是数字技术。在这个领域，日本可以说是“起了个大早，赶了个晚集”。这告诉我们一个道理：当我们在一些领域进行追赶时，由于已经有先行者走过去了，技术进步的路径、目标很清晰，这时政府主导的追赶体制是有效的。但是在另外一些前沿技术领域，没有人知道最后是哪个技术会成功，这要靠实践来检验，靠市场来选择。美国在过去100多年处于全球技术领先的地位。美国的创新体制不太一样，它靠什么？靠创业的企业家、技术人员、风险投资、资本市场……形成了一套创新体制。

上述两种体制孰优孰劣？要看一个国家处在什么地位、面临什么技术领域的创新。中国是个大国，这两种创新的体制和模式，对于我们培育新动能都是需要的。刚才讲到，我们有大量的传统产业面临转型升级，多年来形成的体制机制，以及日本、亚洲“四小龙”的许多成功做法，我们依然可以借鉴。但是，面临前沿技术创新的时候，那套做法就是不行的，必须有一套激励创业和创新相结合、通过资本市场支持创新的新体制。依靠市场的前沿技术创新，并不是说背后没有政府，资本市场的建设、法律法规的培育等都需要政府。

总之，面临培育新动能的艰巨任务，我们的理论、理念以及相应的政策手段、体制机制等都需要创新，其中最关键的是体制创新。

李稻葵 清华大学经济管理学院教授、博士生导师，长江学者特聘教授。长期关注经济改革与发展的研究，致力于从中国改革开放的实践中提炼相关的现代经济学理论。研究方向：中国宏观经济运行、经济发展模式及制度变迁的跨国比较以及大国发展战略。

新时代中国经济的三大特点、六大挑战

李稻葵

党的十九大提出了“新时代”这个概念，大家特别关心的一个重大话题是，新时代中国经济有什么特点？有什么挑战？需要怎样的新思维？本文希望能回答这些问题。

新时代中国经济的三大特点

党的十九大提出，我国已经进入到中国特色社会主义建设的新时代，中国经济毫无疑问也是进入到了新时代，这个新时代有什么特点呢？我总结出三个比较有意思的新特点。

1. 超大规模的实体经济

2017 年北京街头有一个重大变化，就是好像一夜之间遍地都是共享单车，背后是什么？除了有智能手机、互联网、微信、支付宝等以外，还有一点大家可能没想到，它反映的是中国人至少生产自行车的能力非常强，甚至于过剩。事实上中国自行车的生产量占全球至少一半，而且生产能力还用不完。

中国经济的第一大特点就是超大规模的实体经济，就是指除服务业、金融业等之外的看得见、摸得着的东西的产量。

中国总体经济规模12万亿美元，其中实体经济接近6万亿美元，比美国高多了。2001年美国实体经济是中国的3.7倍，日本也比中国高一点。现在几乎颠倒了，中国的实体经济规模是美国的1.3倍，日本实体经济的规模现在只剩下不到中国一半了。这是一个非常值得关注的现象。

事实上“一带一路”这个想法，美国当年的国务卿希拉里早提出来了。但是假如美国人搞一个新丝绸之路他怎么玩呢？肯定给不出产品，给不出水泥、给不出钢铁，肯定到不了哈萨克斯坦修铁路。

他们的办法是我给你点钱，你拿我们的钱买哈佛大学的咨询。美国真正的产品的量远远低于中国，这是咱们中国经济的第一大特点，实体量非常大。

中国每个家庭工作很努力，经常周末不休息，晚上还加班加点，但是这个家庭每年至少40%的产品和服务储蓄了，储蓄非常重要，因为储蓄是经济增长之源。

例如，清华大学经济管理学院有团队花了13年时间专门研究明朝，后来又研究北宋和清朝整个经济结构、经济规模。发现从北宋到明朝、清朝，增长速度每年也就0.3%左右。

当时的储蓄好的年份3%，经常是负储蓄，因为要打仗、闹饥荒，得把耕牛杀掉，为保命，那叫负储蓄。因为储蓄率低，所以经济增长缓慢。

另一个例子，日本1868年开始搞明治维新，1894年就跟中国打仗了，1895就签订《马关条约》了，把台湾割走了，还要了很多银两。这笔银两相当于日本每年财政收入的六倍，的的确确对日本当年的工业化起到了极大的作用。

日本自己的经济学家经过仔细分析，得出的结论是，当年日本快速的增长，很大程度上得益于对外扩张。中国不是靠这个，而是靠储蓄。谁在储蓄？当然老百姓在储蓄。江苏一个公交车司机有宝马梦，攒了很多年的钱，拼命地攒钱，最后终于买了一辆宝马，整个过程就是一个储蓄的过程。

还有一帮人贡献了储蓄，就是买房子的。一帮非常勤俭的中国百姓，排长队，等着开盘，他们连盒饭都不舍得吃，就吃方便面，攒了钱买房子，攒钱的过程也是储蓄。

还有谁？股民朋友，虽然不自觉、不情愿，但也是储蓄的一个重要贡献者。从本世纪初到现在，股市高高低低，最高的时候到了六千多点，后来跌到一千多点，中间又起来一下，五千多点，现在回到了三千多点。

这 17 年大概平均每年 3% 的回报率，不算高。为什么股市起不来？一个不可忽视的原因就是企业不分红，上市公司挣了钱不分红，中国企业的分红率在全世界几乎是最低的。

上市公司事实上挣了很多钱，用行话说是作为企业未分配利润，还有其他没上市的公司挣了钱也不分配利润，这也是中国经济一个主要储蓄的来源，叫企业储蓄。

还有中国的农民怎么储蓄呢？他们按理说是从中国工业化过程中能够获得红利的，因为土地涨价。但是大家都知道，我们买房子的房价里面基本上一半是土地的价格以及各种税收。这个土地升值的价格，按照中国目前的或者过去的体制来看，是地方政府转让土地使用的过程中留下的。地方政府修路、盖楼、修高铁，一个重要的投资来源是土地出让费用，这部分费用很大程度上是农民兄弟所放弃的。

中国不仅储蓄高，这个储蓄在国内还没有用完。尽管现在中国经济的固定资产投资的比率非常高，增长速度很快，一般都超过整个 GDP 增长速度，尽管很多人批判中国经济投资过度了，但还是没有用完我们的储蓄。怎么办？出国了。

一部分借给我们的穷兄弟们，我们去埃塞俄比亚修铁路，暂时获得他的经营权，这也是整个中国人民的储蓄，是对外的、未来的现金流的索取权。

还有这几年中国的百姓出国旅游，每年 1.2 亿人次，多的不得了，接近咱们人口的 1/11 了。出国干吗呢？当然喜欢旅游。但是，中国百姓出国有很好的习惯，一到酒店就问人家有没有 WiFi，好不容易出国了可以清闲了，不对，要 WiFi。第二，到了旅游点，赶紧照相，一上车就睡觉，一下车到旅游点就问房价多少，房子如何。去美国加州，不看硅谷了，直接看房子。

所以中国百姓有相当一部分出国去买房子，这个本质上也是中国的储蓄外流，所以中国经济这个特点非常值得我们关注，超大型的实体经济的规模，超高的储蓄，而且储蓄过剩。

本世纪以来，中国经济累计每年所谓经常账户的顺差之和，基本上可以理解为贸易顺差。我们获得了什么呢？美元，就是我们对美国人未来房子、企业及其他金融产品的索取权。

从过去 15 年都在不断累计对美国的、对其他国家的索取权，这个累计的额，在过去这 17 年达到 2.8 万亿美元。这可以买两个澳大利亚的股票市场。英国的股市基本上可以全买下来，美国的股市可以买 1/5。

中国历史上从来没出现过这么一个庞大的经济体，这也是挑战啊。这笔钱对我们国家的经济决策者，不管是企业家还是政府，是压力啊。如果管不好，就等于浪费了老百姓的血汗钱，这是新时代中国经济的一个重要的特点。

2. 要素相对成本的大逆转

中国一个重要的电器生产商的车间见不到人，无人车间说明中国的资本量现在大幅度上升了，每一个工人的背后跟着机器、跟着设备，跟着他的工具大幅度上升了。

中国经济过去十几年，劳动力只有个位数的增长，而资本存量却是 300% 以上的上升，而且银行可以用来贷款的资金量是六倍以上的上升。这说明劳动力贵了，资本不贵了。这就是中国经济新时代的一个重大特点，中国已经不是一个资本和资金短缺的国家了，相反是资金和资本相对充足的国家。

土地价格过去十几年翻了一番，土地价格上去了，资本的相对成本下来了，劳动力的价格上去了，还有环保的成本上去了。京东正在做实验，用无人机送货，再过十几年校园里可能天天飞着无人机，也可能需要规定校园是禁飞区，可以弄一个无人驾驶的小车进到校园送货。

中国现在专利的量实际上已经是世界第一，所以中国现在获得技术不难了，资本也不短缺了。相反，手握资金找技术、手握技术找市场的日子不好过了。

3. 国民需求高端化、多元化

例如现在大城市对月嫂的需求量大增，还有出国购物消费。高端需求国内没有满足，这也是我们经济面临的挑战。

月嫂怎么创造，月嫂服务市场怎么培育好，高端需求怎么满足，从而让经济升级，而不是把他们推给国外，这是中国经济面临的新特点要应对的新挑战。

宝马汽车全球最大市场是中国，中国市场上热卖的车型是中高端车型 5 系，在美国是低端车型 3 系。中国的消费在升级，已经占到了我们 GDP 47% 了，每年能够上 0.7、0.8 个百分点，不能说中国的消费是拖后腿了，消费这几年是拉动增长的，但是我们还没有满足。要想办法让产业升级，把这些不断升级的需求留在国内，让我们的中国经济不断成长。

三大里程碑式的展望

未来怎么样呢？十九大描绘了一幅非常壮观的、非常雄伟的、非常值得期待的蓝图。

第一个节点，2020 年，中国应该能够达到人均 GDP1 万美元，我们可以骄傲地说没有拖全球经济发展平均水平的后腿了，并且非常接近世界银行所定义的高收入国家的门槛了，就是 1.2 万美元。

2020 年更重要的是全面消灭贫困，特别是农村地区，从过去非常贫瘠、很落后的农村，要转向现代化的比较富裕的新农村。

2020 年，还要解决老百姓的一些痛点，例如看病。这个是民生问题，不仅仅是收入水平问题，可能是一个思想观念的转变问题。

第二个节点，2035 年实现社会主义现代化。经济层面上，我们跨入了高收入国家的行列，人均 GDP 将达到美国的 50%。

这个意义很重大，一旦达到 50% 之后，一般来讲你就毕业了，一般小毛病找不到你了，什么金融危机啊都好办。这是一般的发展规律。中国人口是美国四倍，如果人均是接近美国 50% 的话，那总量是美国二倍以上。到 2035 年，人均将达到西班牙的水平。

当然国家现代化绝不仅仅是一个经济指标，还有民主、法治，还有百姓的文明程度，这一切都非常值得我们期待。

第三个节点，2050 年，中国人均水平将跟法国水平差不多，达到美国的 70%，总量是美国的 2.8 倍，这是一个很大的发展前景。当然 2050 的发展绝对不仅仅是经济发展水平，更重要的是社会、政治、法治、民主、文明、美丽。

2050、2035、2020，这些算法靠谱吗？只要我们头 13 年按照 5.5% 去增长，然后剩下的再往下10年4%，再接下来最后那10年3%，按这个增速，一定能够达到刚刚我们说的那几个让我们非常期待的发展美景。

未来六大挑战

习近平总书记讲得非常好，实现中华民族伟大复兴的中国梦绝对不是敲锣打鼓、轻轻松松地就能够实现的，一定要做好艰苦付出的思想准备，因为我们未来将面临一系列挑战。下面谈谈新的经济发展的一些探讨、一些思路。

1. 最重要的一点，要防范金融危机

金融危机一来，经济发展将倒退十几年。金融危机到底以什么形式出现呢？我总结有两种形式。

一种形式是自己没钱，借了很多钱，利率很低。突然有一天借口经济不太靠谱、企业竞争力不太行、政治制度没搞好等，不跟你续约了，甚至要求提前还钱。拉丁美洲反反复复的金融危机都是这么来的。

这种可以称之为国际收支的危机，中国可能性不太大，因为中国是储蓄大国，我们对外借钱是非常谨慎的。

另一种形式是金融体系自己没搞好，这是需要我们防备的。过分地贷款、过分地投资，产生了一大堆不值钱的金融资产，短期内你买我的、我买你的，觉得还不错。突然一天，觉得金融资产不靠谱，都去抛售，资产价格下降，很多借钱买资产的公司破产，金融体系开始缩水，实体经济倒霉。所以金融危机千万要不得。

好在中国对这个问题非常清醒，十九大报告里面专门讲，一定要严防系统性的、区域性的金融风险。2017年7月份召开全国金融工作会议，就是一个词“稳定”。

中国目前的主要金融风险是流动性太大。我们大量的金融资产是以流动性很强的存款和现金的形式存在，折算成美元有23万亿美元，而央行手里只有3万亿美元的外汇储备，只要有1/6的人不相信中国的金融体系，就会出问题。未来十年、二十年，资金跨境流动都需要管理，这条线是不能碰的。

2. 要解决发展不平衡的问题

发展不平衡有很多表现，有社会层面的，如医疗、教育、公共服务等；有经济层面的，如区域发展不平衡。

例如，北京有现代化的建筑，但是这些现代化的建筑包围在雾霾之中，全国焦炭生产的 23% 在北京方圆 500 千米范围之内，这是一种不平衡的表现，必须是京津冀一体化。

再例如，比较江苏和安徽两省，江苏是全国省份里面人均 GDP 第一，安徽是倒数第六，江苏是安徽省的两倍以上，这两个紧挨着的省相差就这么大，这就是中国经济的不平衡。

不平衡恰恰是增长的潜力，就是让那些短期内还没有发展起来的地区起来，事实上安徽省正在崛起。两年前李克强总理把德国的总理默克尔请到了安徽省，就是要给德国的领导人看一看安徽省蓬勃发展的局面。

这就是我们大国发展的潜力，归根结底怎么弥补发展不平衡？经济层面上讲，资源尤其是要素要流动起来，要不然资金带着技术从江苏流到安徽，要不然是人口从安徽逐步逐步地挪到江苏。这是我们大国的优势，虽然是挑战，但也是增长点。

3. 未来中国要实现 2035、2050 的愿景，劳动力的技能一定要提高

现在快递哥的平均收入可能比大学本科毕业的起薪高多了，但我也挺担心他们，因为未来社会、未来的世界的竞争主要是劳动力跟劳动力的竞争，同样的装配线，同样的流程，中国的劳动力能不能干得比意大利强，能不能够让工厂的生产能力留在中国，而不是去意大利或者匈牙利，这是关键。

说到底，劳动力要提高生产效率，你的工作能力要提高，单位时间的效率要上去。德国人从来不加班，人家生产的汽车全世界受欢迎，尽管成本高，但是质量好。

我们一定要和世界发达国家水平对表，而不是要对表东南亚，对表越南，对表印度。快递哥这部分人能不能够操纵机器，能不能够适应未来的柔性化生产是关键。

未来的竞争是人跟机器的竞争，会不会出现一个科技陷阱呢？会不会快递哥们被以后的自动送快递的机器和车代替了呢？十年内恐怕很多快递的这种工作就被机

器所代替了，怎么办？教育、教育、再教育，培训、培训、再培训。

所以说一定要提升劳动力的教育和培训，前景是什么？前景就是提高人与人之间服务的能力。例如心理咨询师未来是大行业。大学生得学点心理学，未来机器代替人以后大部分人都会变成彼此的心理咨询师。

现在中国高等教育毛入学率是 42% 了，至少数量是很高了，质量也不差了。我们现在的短板是高中阶段教育，现在初中毕业的一大批劳动者收入很高，所以没有耐心读高中。他们还没有意识到自己的饭碗很快就会被机器所替代，没有意识到必须学心理学，必须转变工作方式。

政府要给点补贴，提出对应的政策。让市场跟行政、政策手段同时发力，要求他们在学校里多学几年，这样才能够适应未来人类社会、中国社会发展的需求，这里要避免市场过于短期的行为。

4. 人口老龄化

中国人口正在加速老龄化，到 2035 年就是一个老龄化的社会了。会不会出现像美国那样医疗花费在 GDP 中的比重达到 18%？这将会给中国经济背上较重的包袱。

同时，我们也不能完全靠家庭养老，否则再过二十年，年轻人会时不时收到家里老人的电话需要回家照顾老人。像我们 20 世纪 60 年代出生的人，一年出生三千万。初中毕业能上高中的不多，高中毕业只有大约 2% 能上大学。等好不容易熬到退休了，一对小夫妻要养四个老人。

所以必须要探索一条符合中国实际的、高效的养老体制，要有制度创新，社会跟家庭、道德跟法律、市场、行政多管齐下，应对人口老龄化的挑战。一定要有体制创新、制度创新、政策创新。

5. 投资需谨慎

中国经济不仅储蓄高，而且剩余储蓄高，所以必然要走出去投资。但是，投资不仅要能够获得好回报，而且要对世界做出新贡献。“一带一路”就是这么策划的，目的就是用好我们的剩余储蓄，给周边沿线那些还没有发展起来的国家看到希望，让他们跟中国经济一起往上走。所以 2035、2050 不仅仅是中国梦，恐怕也是一个世界梦。

需要注意的是，走出去应该，但一定要谨慎，一定不能办傻事，一定不能钱多、人傻，否则被世界笑话。当你进行商业谈判的时候，有时候你多给人家钱了，别人反倒瞧不起你，认为你傻、不精明。

6. 要建立自己的经济学理论

中国在发展的过程中，面对国际社会唱衰中国经济的舆论，不仅要讲中国的经济故事，更要研究出中国自己的理论。理论上不去，理论讲不圆，在国际上、在政策发展问题上就会永远吃亏。

中国发展起来了，世界不理解，觉得中国人偷跑、抢跑、耍赖了，占了西方人的便宜，特朗普说是非公平贸易。怎么办？需要讲中国的故事。当然，这样说给人的感觉好像有点忽悠，所以要有中国的理论，理论上不去、讲不圆，你在国际上、在政策发展问题上永远吃亏。

讲经济学理论最成功的是英国人。1775 年开始搞工业革命，同一年亚当・斯密出版了《国富论》，被认为是经济学的《圣经》。

《国富论》的基本思想就是，自由市场经济是自我平衡的，好得很，只要你搞自由市场经济，人人都受益。因为自由市场经济可以劳动分工的很细，每个人都发挥效率。

亚当・斯密给英国时代创造了一种理论、一种思想，影响了无数人，大家都觉得英国工业革命是世界的福音。亚当・斯密的继任者，大卫・李嘉图，当了英国的国会议员，后来到大学当教授，也为当时英国的经济摇旗呐喊，自由贸易最好、人人都受益，自由贸易的各国都发挥比较优势。英国当时是全球最大的自由贸易的国家，他们的经济发展在学者那里找到了理论的、思想的根据。

马克思，德国人，研究当时兴起的英国资本主义市场的生产方式。在英国大英博物馆奋斗了几十年，他的结论有鲜明的斗争性、实践性，充满了哲学的思考。

他说资本主义的制度是暂时的，不是永恒的，亚当・斯密和李嘉图的理论是误导，认为那个制度永远会存在。马克思发现资本主义制度有它潜在的本质性矛盾，这个理论给当时的工人运动提供了思想指导。马克思的理论是一种哲学的思考，比亚当·斯密和大卫·李嘉图高一个层次，这么多年指导了很多国家的工人运动和科学社会主义的发展。

凯恩斯，又是英国人，看到了自由市场经济本身的冲突、矛盾，包括 1929 年的大萧条，工人大规模失业，有人想买东西，但是工厂又不能开工，这是一个巨大的矛盾。

凯恩斯提出政府必须干预，政府发债券，雇工人在地上挖个坑都可以，只要你挖坑就把工人雇了，工人就有钱了，市场就可以运转起来，他在哲学层面实际上是继承了马克思。

“一战”结束时，凯恩斯作为当时最伟大的经济学思想者，倡导不应该死磕德国，英国跟法国应该给德国留出生路，可惜他们没有听凯恩斯的。英国和法国拼命地挤压德国，把德国推向了极权主义的、极端主义独裁的死路。

“二战”结束前夕的 1944 年，凯恩斯带领英国的团队应邀到美国去构想 1945 年战后世界的经济大格局。讲得非常好，但是可惜英国已经是明日黄花了，美国是世界霸主。堂堂的凯恩斯说不过美国的国务卿怀特，怀特方案最后被采纳。

当时的中国国民政府也派了一个仅次于美国的第二大的团队，由财政部长孔祥熙带队，提出了关于战后国际经济治理的中国方案，可惜实力不够，没人听。孔祥熙也国外留学的，对国外的理论、对国际的规矩很熟，还是没用，所以实力跟理论必须匹配。

比较成功的例子是美国人。美国非常有意思，建国二百多年的时间，绝大部分时间是搞贸易保护的，美国内战的结果是，搞贸易保护的北方战胜了支持自由贸易的南方，这是完全背离亚当·斯密、大卫·李嘉图的基本原则的。

很有意思，美国从内战结束以后一直到“二战”结束，这段时间原则上讲，没有出思想家、经济学的大家，没有思想家为自己辩护。美国人是大陆经济，搞贸易保护，不需要搞自由贸易是说得过去的，但是美国没有出自己的思想家为自己辩护。

直到“二战”结束，美国要主导国际秩序，蹦出来一位米尔顿·弗里德曼，自由经济的领军人物，集成的是维也纳奥地利学派，其实也不是美国本土的，哈耶克是他的同事，比他牛，但他是一个很好的传播者，作为犹太人非常会辩论、非常会利用电视媒体的传播渠道在美国到处宣传自由市场经济，符合那个时代的精神，符合当时美国所主导的自由市场经济的精神，算是成功的，但是应该说不能算原创。

接着，“二战”之后哈佛大学当时最有名的、最有影响的阿尔文·汉森教授，把凯恩斯主义引到了美国，美国这么强大的经济体还要到英国去学凯恩斯主义，思想还是落后。

他的学生保罗·萨缪尔森跑到麻省理工学院创办了经济系，技术层面非常强大，建立了现代整个经济学的技术体系。严格意义上来讲，他是一个技术上的先驱者，并不是思想的领先者。他是把凯恩斯主义跟自由市场经济混在一团，叫古典综合理论。

还有一位是萨缪尔森的侄儿萨默斯，当过美国财政部部长，后来又当过哈佛大学校长，以前是为自由贸易摇旗呐喊，最近一段时间开始转向，说自由贸易对美国不一定是好事。

坦率地说，美国搞经济学的人多，技术完备，非常强大，但是思想层面有点土，重大思想都是来自于欧洲的，亚当·斯密、大卫·李嘉图、卡尔·马克思，还有后来的熊彼特等。美国技术层面非常强大，但经济学的思想其实是落后的。

最悲情的故事是日本。日本将近三十年的经济衰退怎么来的？我认为是经济学没搞好。

日本人非常勤奋，技术上精益求精，做一个汽车、做一个产品，几十年如一日，但经济学不是这么玩的。日本人的缺点是什么呢？一是学外语太慢了、嘴笨，中国人总的来说学外语比日本人快一点；二是思想层面，没有学到西方的精髓，没有创新。

这么多年日本的财政部、央行找不出几个能够跟美国人吵架的，在理论上能够讲得圆的高级学者或者官员。日本财政部里面的博士非常少，这么多年一碰到汇率问题、货币政策问题、具体的体制问题，包括日本特殊体制问题，他们讲不清楚。

例如，1998 年亚洲金融危机最倒霉的是日本，因为日本借了很多钱给东南亚国家，日本非常希望东南亚国家能够缓一口气，然后把这个钱还回来。日本人说，国际货币基金组织钱不够，我们出钱搞一个亚洲货币基金来营救那些陷入金融危机的国家，把他们扶起来之后给我还钱，就像美国扶持墨西哥一样。美国人说不行，一定要按照国际货币基金组织统一步伐行动，日本人什么都不敢讲。

所以，中国未来到 2035 年、2050 年的发展，不光要解决具体问题，而且要把中国的理论讲出来。为什么我们要市场跟政府同时使劲？过去我们成功的经验是什么？未来为什么要坚持这些经验？为什么今天的美国、欧洲会出问题？要把这个理论上讲清楚，讲不清楚一定会吃亏，这是我们的责任。

中国的经济学乃至整个社会科学，走过了漫长道路。严复第一个翻译《国富论》，是一百多年前。后来王亚南先生翻译了《资本论》，他除了去过日本外没有去过其他国家。再后来孙冶方先生，在苏联留学学的《资本论》，回来倡导要运用价值规律、运用市场规律，要发展经济。

此外，还有开辟了中国现代社会学的潘光旦先生、搞经济学的陈岱孙老先生、中国人口学的奠基者陈达老先生等，大多是南方人。并不是说北方人学不好经济学，而是因为中国很多的市场经济发展是从南方开始的，社会学很多的分支、很多社会现象是从南方开始的。

今天，我们遇到了好时代，需要发扬光大中国的现代科学，包括社会科学、人文学科，我们的使命是推动中国社会科学，包括经济学理论的创新。为了迎接 2035 年、2050 年美好宏图的到来，我们要有使命感，要勇于创新，中国的经济学、中国的社会科学的发展，我们责无旁贷。

贾　康　曾获孙冶方经济学奖。著有《财政本质与财政调控》、《转轨时代的执着探索——贾康财经文萃》等。

从我国社会主要矛盾的转化看供给侧结构性改革

贾　康

中国共产党第十九次全国代表大会上，习近平总书记代表第十八届中央委员会向大会所作报告（以下简称“报告”）中，阐述了对于我们所处时代方位和我国社会主要矛盾的新判断，成为以深化供给侧结构性改革为主线推进现代化宏伟事业的战略性认识依据和设计指导方略的关键性原点。

新时代：与时俱进中的历史方位新判断、新指南

“报告”明确指出，“经过长期努力，中国特色社会主义进入了新时代，这是我国发展新的历史方位。”这个新时代的显著标志，是历经中国共产党领导人民近百年的奋斗，终于使近代以来久经磨难的中华民族，迎来了从站起来（以 1949 年中华人民共和国成立为标志）、富起来（以改革开放新时期的发展成果为支撑），到强起来（在中国共产党成立一百年前后实现全面小康，并将乘势在 2035 年前后基本实现中国的社会主义现代化）这一历史飞跃。我们比任何时候都更接近、更有信心和能力实现中华民族伟大复兴的“中国梦”目标。

这一关于新时代、新的历史方位与历史起点的新判断，也对应着习近平总书记新时代中国特色社会主义思想的确立及其基本方略的系统化设计。这一马克思主义中国化的最新成果和党与人民实践经验和集体智慧的结晶，将成为全党全国人民为

实现中华民族伟大复兴而奋斗的行动指南。

不平衡：关于我国社会矛盾的新判断、新分析

改革开放新时期拨乱反正而确立实事求是的思想路线后，改正“阶级斗争为纲”的错误，以1981年十一届六中全会的表述为标志，对我国社会主要矛盾的认识，回归了党的八大认识框架，表述为“人民日益增长的物质文化需要同落后的社会生产之间的矛盾”，至今已36年。基于进入“新时代”的历史方位新判断，十九大报告明确提出了“我国社会主要矛盾已经转化为人民日益增长的美好生活需要和不平衡不充分的发展之间的矛盾”的新判断。这一重要判断，意义重大，对于我们在新时代继续推进社会主义现代化事业，具有统领和指导全局的理论支柱作用。

从基础理论层面分析，社会主义的生产目的是为了最大限度地满足人民群众不断增长的物质文化生活需要，即以解放生产力形成有效供给来不断满足社会需求。在十一届六中全会形成的社会主要矛盾的认识，抓住了这个供需的“对立统一”关系，指引我们坚定地以经济建设为中心推进“三步走”现代化战略。而十九大形成的关于社会主义矛盾的新判断，在延续原来需求与供给间对立统一认识框架的基础上，顺应新时代，明确地把原来的定义表述，转化为需求侧更综合、更具概括性的“人民日益增长的美好生活需要”，同时把供给侧回应需求所存在的问题，表述为发展的“不平衡不充分”。可进一步具体分析：“充分”与否，是动态变化中更偏于总量描述的概念，而“平衡”与否，是动态变化中直指结构状态的更偏于质量描述的概念。原来的表述中关于不充分的问题，已由“落后的社会生产”指明，而新的表述中，是把这一不充分问题，放在了从属于不平衡的位置上，在“不平衡不充分”的问题中，最为关键的是“不平衡”，这是新时代我们必须追求的“质量第一、效益优先”发展中必须牢牢把握的“矛盾的主要方面”。关于新表述可展开的这方面新的分析认识，其政策含义是十分清晰的，其逻辑指向是与最高决策层业已反复强调、十九大报告称为“建设现代化经济体系”之“主线”的供给侧结构性改革战略方针一脉相承的。

供给侧结构性改革：着力化解社会主要矛盾的主线

既然新时代社会主要矛盾的内涵，清晰地聚焦于发展的“不平衡”这一关键性问题，那么总体上把握的现代化战略方针的主线，就必须顺理成章地紧扣以优化结构化解矛盾的“供给侧结构性改革”。

我国经过改革开放后近四十年的超常规发展，在取得一系列成就的同时，也面临矛盾累积隐患叠加的复杂局面，集中体现为种种结构失衡问题。为进一步大踏步跟上时代，突破“行百里者半九十”的现代化瓶颈期，即关键的冲关期，必须在“目标定向”与“问题导向”下，着力以供给侧性改革和供给体系质量和效率的提高，化解“社会矛盾和问题交织叠加”的潜在威胁，在制度结构、产业结构、区域结构、收入分配结构、人文与生态结构等方面，有效地克服“不平衡”的问题。

以往的宏观“需求管理”，更多地侧重的是总量问题，而现在必须强调的“供给管理”，更多地侧重的是结构优化问题。依“主线”而推进的供给侧结构性改革，实为以改革为核心、以现代化为主轴攻坚克难的制度供给创新，以及以制度创新打开科技创新、管理创新巨大潜力空间、形成动力体系和供给体系转型升级的系统工程式创新，它将以“全要素生产率”支撑我国的现代化进程在追赶—赶超路径上，继续实现超常规发展，这样才能于化解社会主要矛盾的动态过程中，在2020年实现全面小康，之后更进一步对接2035年前后基本实现社会主义现代化和2050年实现中华民族伟大复兴的战略目标。总之，深化供给侧改革，就是我们着力化解社会主要矛盾而为现代化“中国梦”奋斗的主线。

变化中的不变：对我国基本国情和国际地位保持清醒头脑

十九大报告强调：“必须认识到，我国社会主要矛盾的变化，没有改变我们对我国社会主义所处历史阶段的判断，我国仍处于并将长期处于社会主义初级阶段的基本国情没有变，我国是世界最大发展中国家的国际地位没有变。”这一强调意味深长。在新时代面对以“不平衡”为关键特征的社会主要矛盾，我们在创新与奋斗中，必须保持清醒的头脑，牢牢把握关于基本国情和我国国际地位的正确认识，这也就是要牢牢立足“几代、十几代、甚至可能几十代人”才能走完的“社会主义初级阶段这个最大实际”，并“牢牢坚持党的基本路线这个党和国家的生命线、人民的幸福线”，把供给侧结构性改革的主线，紧紧结合于生命线、幸福线，在中国特色社会主义道路上坚持不懈的长期奋斗中，保持我们“无比强大的前进定力”。

共产党人的远大理想，是实现共产主义，关于这一未来“自由人的联合体”的美好社会何时实现，目前还无法以算命先生式的预测在时间表上来量化，但马克思历史唯物主义原理揭示的“两个必然”和“两个决不会”，却在对这个理想彼岸逐步到达的“前进定力”问题上，给予了我们最基本的指导。在揭示资本主义必然灭亡、社会主义必然胜利的历史大潮流与长远趋势的同时，马克思于1859年1月在《〈政治经济学批判〉序言》中清楚地指出：“无论哪一个社会形态，在它所能容纳的全部生产力发挥出来以前，是决不会灭亡的；而新的更高的生产关系，在它的物质条件在旧社会的胎胞里成熟以前，是决不会出现的。”马克思主义诞生以来，人类社会文明发展的进程中，中国特色社会主义的伟大实践，既表明了社会主义初级阶段业已形成的蓬勃生命力，也表明了社会主义初级阶段上难以避免的种种不成熟。如把我们必须充分认识到位的十九大报告重申和强调的“两个没有变”结合起来认识，“两个决不会”的马克思主义基本原理，就是在时时提醒我们：中国现代化的新长征与共产主义远大理想的理性对接，只能在遵循社会发展基本规律而长期不懈的奋斗中形成，我们当下所处的新时代，又是基本国情和国际定位尚未发生根本变化的时代，紧紧扭住党的基本路线实现可持续发展“一百年不动摇”。这是我们在学习领会十九大指导精神推进现代化事业时所必须稳稳站定的马克思主义原则立场和共产党人的党性立场。

王昌林　国家发展改革委宏观经济研究院研究员。著有《高技术产业发展战略与政策研究》、《提升高技术产业核心竞争力研究》（合著）、《中国产业发展报告2010——培育战略性新兴产业的对策研究》（合著）等。

扎实推进现代化经济体系建设

王昌林

党的十九大报告提出了贯彻新发展理念、建设现代化经济体系的战略要求，并强调建设现代化经济体系是我国跨越关口的迫切要求和我国发展的战略目标。我们必须深刻领会其重大意义和总体思路，坚持问题导向，紧抓关键环节，扎实推进相关工作。

一、建设现代化经济体系是中国特色社会主义进入新时代的必然要求

党的十九大作出了中国特色社会主义进入新时代的重大判断。在新时代的历史方位中，我国社会主要矛盾发生变化，我国经济由高速增长阶段转向高质量发展阶段，我们确立了开启全面建设社会主义现代化国家新征程的目标，这些都对建设现代化经济体系提出了紧迫要求。

全面建设社会主义现代化国家的重要任务。现代化经济体系是现代化国家的应有之义，没有现代化经济体系的国家不可能是现代化国家。人类社会迄今已经历三次比较大的现代化浪潮，西欧、北美各国以及日本等国家抓住机遇，相继实现了现代化转型，成为发达国家。从这些国家的发展历程可以发现，经济体系的现代化是国家现代化最重要的支撑。改革开放之后，我们党做出“三步走”的战略安排，提

出到新中国成立一百年时基本实现现代化的目标。党的十九大综合分析国际国内形势和我国发展条件，作出了2035年基本实现现代化、本世纪中叶把我国建成富强民主文明和谐美丽的社会主义现代化强国的战略安排。我国经过改革开放近40年的快速发展，综合国力和国际地位显著提升，但当前离现代化国家的目标仍有较大的差距，“大而不强”的特征仍然十分明显。要解决社会主义现代化过程中的各种问题，必须加快建设现代化经济体系，不断激发全社会创造力和发展活力，提高发展的质量和效益，推动经济持续健康发展。

适应我国社会主要矛盾发生转化的客观需要。党的十九大报告指出，当前我国社会主要矛盾已经转化为人民日益增长的美好生活需要和不平衡不充分的发展之间的矛盾。解决发展中的各种不平衡不充分问题，关键是要坚持以人民为中心的发展思想，贯彻新发展理念，着力提升发展质量和效益。这要求我们扎实推进现代化经济体系建设，加快建设创新型国家、实施乡村振兴战略、实施区域协调发展战略、推动形成全面开放新格局。通过建设现代化经济体系，不仅能壮大我国经济实力和综合国力，更好满足人民经济方面的需要，也能为更好地满足人民在政治、文化、社会、生态等方面的需要打下坚实的物质基础，从而促进人的全面发展、社会全面进步。

经济转向高质量发展阶段的必然要求。党的十九大报告指出，我国经济已由高速增长阶段转向高质量发展阶段，正处在转变发展方式、优化经济结构、转换增长动力的攻关期。在这一“爬坡过坎”的关键阶段，如果转得快、转得好，就能顺利完成工业化进而实现现代化，反之则会阻碍现代化进程。从我国现实经济基础看，我国经济发展的质量和效益不断提高、经济保持中高速增长、供给侧结构性改革深入推进、农业现代化稳步推进、区域发展协调性增强、创新驱动发展战略大力实施、开放型经济新体制逐步健全，推进现代化经济体系建设已经有了良好条件。经济转向高质量发展阶段对我国的发展方式、产业结构、市场机制、宏观调控等提出了更高的要求，迫切需要我们加快建设现代化经济体系，在发展新阶段实现更高质量、更有效率、更加公平、更可持续的发展。

二、建设现代化经济体系必须坚持以新发展理念为指导、以供给侧结构性改革为主线

党的十八大以来我国经济建设的重大成就，是在我们坚定不移贯彻新发展理念、深入推进供给侧结构性改革中取得的。面对现代化经济体系建设的战略目标，我们必须始终坚持贯彻新发展理念，以供给侧结构性改革为主线，持续不断推动经济发展质量变革、效率变革、动力变革。

贯彻新发展理念，坚持质量第一、效益优先。与西方国家所走的以大量破坏资源环境、殖民掠夺、贫富悬殊等为特征的现代化道路不同，中国所要实现的现代化是在经济不断发展基础上，协调推进政治、文化、社会、生态文明以及其他各方面的现代化，是推进新型工业化、信息化、城镇化、农业现代化同步发展的现代化。这要求我们必须坚定不移贯彻创新、协调、绿色、开放、共享发展理念，使创新成为建设现代化经济体系的第一动力，协调成为内生特点，绿色成为普遍形态，开放成为必由之路，共享成为根本目的。此外，中国国情也决定了我们不能走西方国家的现代化道路。仅以资源为例，2016 年我国 GDP 占世界总量的 14.8%，但钢铁产量占世界约 50%，电解铝产量占 54%，水泥产能占 56%，平板玻璃产量占 56%，煤炭产量占 45.7%。如果按照原有发展理念构建经济体系，资源是难以支撑实现现代化的。

坚持以供给侧结构性改革为主线推动各项经济工作。习近平总书记针对经济发展问题指出："当前和今后一个时期，制约我国经济发展的因素，供给和需求两侧都有，但矛盾的主要方面在供给侧。"针对这种情况，要从供给侧发力，对症下药，提高产品和服务质量，增强供给结构对需求结构的适应性。2016 年以来，在供给侧结构性改革的推动下，我国经济运行"四降一升"的问题得到扭转，经济发展呈现稳中向好、结构优化的态势。建设现代化经济体系，必须坚定不移以供给侧结构性改革为主线，要把发展经济的着力点放在实体经济上，把提高供给体系质量作为主攻方向；要支持传统产业优化升级，加快发展先进制造业，加快发展现代服务业，

推进农业农村现代化；要坚持去产能、去库存、去杠杆、降成本、补短板，优化存量资源配置，扩大优质增量供给，实现供需动态平衡，更好满足人民群众日益增长的美好生活需要。

推动经济发展质量变革、效率变革、动力变革。经济发展质量是衡量现代化经济体系水平最为重要的标准，高质量发展是现代化经济体系区别传统经济体系最为显著的标志；经济发展效率是衡量现代化经济体系发育水平的重要指标；经济发展动力是经济发展的源泉，是现代化经济体系能够建立的保证。我们必须通过不断提高产品和服务的监管标准、营造有利于高质量发展的体制机制和社会环境等措施，促进发展质量变革；通过深化经济体制、政治体制、文化体制、社会体制、生态文明体制和党的建设制度改革，持续释放制度红利促进发展效率变革；通过深入实施创新驱动发展战略、推进创新型国家建设、大力推进创新创业促进发展动力变革。只有持续不断推动经济发展质量变革、效率变革、动力变革，促进全要素生产率不断提高，才能振兴实体经济，培育我国经济新的竞争优势；才能不断创造新的产业，创造新的就业机会；才能破解资源环境约束，实现经济社会持续发展。

三、加快建设适应现代化经济体系要求的产业体系和经济体制

产业体系是经济体系的内容支撑，经济体制是经济体系的制度保障，二者共同影响着经济发展的质量变革、效率变革和动力变革。加快建设协同发展的产业体系、构建全面高效的经济体制是当前建设现代化经济体系的两个着力点。

着力加快建设实体经济、科技创新、现代金融、人力资源协同发展的产业体系。在现代化经济体系中，实体经济、科技创新、现代金融、人力资源相辅相成，共同构成现代化经济体系的“四大支柱”。目前，我国已建立比较完整的产业体系，但“大而不强”问题突出。比如，“中国制造”缺少具有竞争力的自主品牌；原创性、颠覆性、引领性科技创新成果缺乏；金融行业以传统金融为主，国际化水平不高；人力资源数量不小，但质量有待提升。此外，“四大支柱”发展不够协同，科技、教育与经济结合还不紧密，经济发展出现“脱实向虚”的现象，实体经济转型升级资金缺乏、技术缺乏、人才缺乏的问题比较突出。按照建设现代化经济体系的要求，

我们要在做强做大“四大支柱”的同时，着力建立“四大支柱”协同发展格局。在做强做大“四大支柱”方面，要把发展经济的着力点放在实体经济上，着力提升创新能力和竞争力，加快迈向中高端，重塑我国实体经济竞争优势；要把创新摆在经济发展的核心位置，着力提升基础研究水平，突破一批关键核心技术，培育造就一大批创新型企业，加快建设创新型国家；要把现代金融发展作为重要突破口，着力推进金融体制改革，加快人民币国际化步伐；要把教育事业放在优先地位，深化教育改革，加快教育现代化，大力提升国民素质。在建立“四大支柱”协同发展格局方面，要把科技创新、金融创新、人力资源队伍建设聚焦到振兴实体经济上来，围绕产业链部署创新链，围绕创新链完善资金链和人才链，建立健全“产学研金”结合机制；要大力促进科技创新与金融协同发展，构建创新、创业、创投“铁三角”；要推动科技与教育紧密结合，加强学生创新精神和能力的培养，充分利用移动互联网、大数据、人工智能等新技术创新教育方式。

着力构建市场机制有效、微观主体有活力、宏观调控有度的经济体制。现代化经济体系作为一个系统，需要有良好的运行机制、协调机制和政策与法治环境。在这个系统中，市场机制、微观主体和政府作用都非常重要。改革开放以来，我们党创造性地提出并不断发展社会主义市场经济理论，把有效市场和有为政府“两只手”结合起来，推动了社会生产力的快速发展，创造了“中国效率”“中国奇迹”。但我国社会主义市场经济体制还不完善，市场体系还不够健全，微观主体活力有待进一步发挥，政府越位、缺位的问题还不同程度存在。我们要按照建设现代化经济体系的要求，进一步加快完善社会主义市场经济体制。在确保市场机制有效方面，要以完善产权制度和要素市场化配置为重点，完善各类国有资产管理体制，全面实施市场准入负面清单模式，深化商事制度改革，营造公平市场环境。在激发微观主体活力方面，要深化国有企业改革，发展混合所有制经济；要激发和保护企业家精神，鼓励更多社会主体投身创新创业。在保障宏观调控有度方面，要创新和完善宏观调控，发挥国家发展规划的战略导向作用，健全财政、货币、产业、区域等经济政策协调机制。从总体上，要更好地处理政府与市场关系，实现产权有效激励、要素自由流动、价格反应灵活、竞争公平有序、企业优胜劣汰，进一步调动、激发各类微观主体活力，使我国社会主义现代化“列车”稳步前行。

苏　剑　北京大学国民经济研究中心教授。研究方向：宏观经济学、中国经济、公司金融。主要译著有《高级宏观经济学》、《现代宏观经济学指南》、《动态宏观经济理论》等。

多重压力下的中国经济形势及对策

苏　剑

要展望2018年的经济形势，首先需要考虑国际经济形势，然后从供给和需求两个方面看一下影响它们的因素都有哪些，根据这些分析一下经济的自然走势，然后再来分析一下政府政策目标，然后再看一下政策目标和自然走势之间的差距，宏观经济政策就是用来填补这个差距的，政策建议就是这样提出来的，这就是我们的分析思路。

一、国际经济形势

目前大家对发达国家还是比较看好的，IMF已经给出了预测，增长率2018年比2017年高0.1个百分点到3.7%，对于世界经济来说，增长率提高0.1个百分点是不得了的，跟中国增长率提高这么多的效果不一样。

我们关心的是中国经济，因此关注的是对中国经济可能产生较大影响的国际因素。

第一个是国际经济和金融危机。虽然目前大家对国际经济形势基本上都看好，但我觉得有一点不太把稳，主要是对美国的股市不太放心。2008年9月美国金融危机爆发，但是实际上美国股市的危机在2007年三季度就开始了，比美国次贷危机的爆发早了整整一年。这一次美国经济危机被看成是次贷危机，其实这次美国经济危机的起点不是次贷危机，而是股市危机，只不过次贷危机一下传导到实体经济了，才被称之为经济危机。2009 年一季度美国股市从谷底开始上涨，一直到现在，美国的股市几乎是连涨了 30 多个季度。而且现在美国道琼斯工业指数已经远远高于 2007 年的高点了。美国的股市连续涨了这么多年了，接下来还有多大的上涨空间？美国的失业率已经 4% 左右了，如果能降的话，还能降到哪儿去。俗话说，日中则移，月满则亏。如果美国出现第二次金融危机怎么办？这是一个需要考虑的问题。

第二个是全球货币紧缩，这个大家都在谈，我就不说了。

第三，美国减税导致的全球减税，这会导致海外对中国的投资减少，美国的海外企业回归，以及中国企业可能迁往美国。

第四是美国的对华贸易政策。美国、欧洲和日本相继宣布不承认中国的市场经济地位，特朗普上台的时候，有一个目标，就是要减少美国对中国的贸易逆差。可想而知，2018 年美国和中国之间的贸易摩擦会越来越多。

第五个是地缘政治不稳。两个方向，一个是朝鲜，一个是中东，这都会对中国经济产生影响。

第六个是汇率。这也是影响中国经济的一个非常重要的变量，它的走势，贬的可能性比升的可能性要大一些。2016 年在这个时点上，特朗普一上台，我们开过一次会，讨论的主题就是人民币汇率，当时包括我本人在内，好几个人都认为，人民币 2017 年是升值，而不是贬值。2018 年人民币汇率走势如何？首先，中国经济下行的压力仍然存在。2017 年经济增长率前三个季度到了 6.9%。前两个季度数据出来的时候，有的人认为中国经济已经进入了新周期，后来新周期被证伪。为什么这样呢？我们做过一个测算，如果你把国际经济对中国的出口的拉动剔除在外的话，中国 2017 年的内需其实是比 2016 年要差的。虽说 2017 年比 2016 年的增长率前两个季度高了 0.2 个百分点，如果把出口的因素剔除在外，内需的贡献跟 2016 年相比可能只有 6.4%、6.5% 左右。

还有其他因素也影响汇率。全球货币紧缩对人民币汇率会造成一定的压力。全球减税会导致中国的资金外流。中国居民海外资产配置的需求增强，以及出口增速可能下滑，这些都会对人民币汇率造成影响。

二、中国经济的自然走势

我这里说的中国经济的自然走势，是说如果没有政策，经济该怎么走？这需要从需求和供给两个方面来分析。需求方面我们预计是萎缩。消费大概不会有大的变化，增速相对来说比较稳定。我们预计 2018 年投资增速可能会下降，比如说基建投资，地方政府面临去杠杆以及债务的终身追责这样的事情。房地产投资可能也会减少，因为人口峰值眼看着快要到来，房地产调控也越来越严。民间投资的风险仍然很大，增速大幅度上升的可能性不大。

出口方面，2018 年面临的压力比较大。首先，2017 年基数比较高，可能会影响 2018 年的增速。2017 年之所以出口表现比较好，原因之一是 2016 年基数比较差。第二是国际经济形势不确定，第三是美国贸易保护，第四是美国减税，导致制造业回流，美国以前从中国的进口品可能会放在美国自己生产。比如曹德旺，他把玻璃厂建到了美国，以前他要把玻璃出口到美国去的，接下来这部分出口就没了。所以从需求一边看，中国经济 2018 年总体来说应该是萎缩的。

供给一边看可能也是萎缩。环保方面的政策 2018 年可能会继续，2017 年进行的环保督查可能会通过对 PPI 的影响传导到 2018 年，导致 2018 年企业的生产成本上升。美国减税，制造业回流美国，以及中国企业走出去，这对中国来说也是供给在萎缩。还有去产能、去杠杆，这些都是在升高企业的生产成本。劳动力成本也是在上升。油价，由于中东局势不确定性增强，2018 年也可能会涨，但是目前这个还无法给出一个确定的说法。汇率方面，贬值的压力仍然在，如果人民币最终真的贬值，对中国的供给会产生萎缩的增加。为什么呢？因为如果人民币贬值的话，中国进口原料的成本就会上升，虽然有利于出口，但是不利于进口，对供给也会有抑制作用。

总体判断，就是中国 2018 年面临的经济的自然走势是需求、供给双萎缩，这意味着经济增速会下滑，不管是需求萎缩还是供给萎缩，都抑制经济增速。但是对于价格来说，需求萎缩是压低价格的，供给萎缩是抬高价格的，所以总体来说，价格2018年怎么变，自然走势还不确定，主要看供给萎缩和需求萎缩哪个的影响更大。

我们可以根据这些对中国经济2018年的自然走势大致做一估计。我们预计2018年的自然经济增速会比2017年差，大概会在6.0%，甚至更低；CPI增速可能会在2.5%左右。因此2018年可能会出现一定程度的滞胀．滞胀其实就是成本推动的通货膨胀，如果供给萎缩的话，自然就是滞胀。但是2018年不一定能表现出来通胀，原因就在于需求也是萎缩的，这是抑制物价的，所以供给萎缩和需求萎缩一个是抬高物价的，一个是压低物价的，二者一抵消，物价反而可能变动不大。所以虽然可能有滞胀的基因存在，但是并不一定真的会在经济中表现出来。

三、2018年的宏观经济政策

首先得弄清楚2018年政府宏观调控的目标是什么。我们预计2018年增速的目标是大于等于6.5%，CPI上涨率的目标小于等于3.0%，就业目标是新增就业一千万人。这是我们对2018年经济增长目标的判断。

如前所述，如果没有政策的话，在自然走势下，增长率会是6.0%左右。政策要干什么呢？政策就要把实际增速从6.0%提到6.5%以上，这就是政策要做的事情。至于通货膨胀率目标，我们认为在经济的自然走势下，怎么走好像全年的CPI上涨率都应该都不至于到3.0%以上，但是个别月份可能高于3.0%。总体来讲，2018年的通货膨胀率应该不至于超过3.0%。就业对中国来说，这已经都不是问题，只要能保证增速在6.5%以上，新增就业一千万一点问题也没有。所以2018年宏观调控的核心，其实最终就落到实现这样的增速目标。

怎么办呢？我们首先给出一个我们的宏观调控理论体系，这个宏观调控理论体系是本人刚刚发表的一篇文章里面提出来的。现在正统的宏观调控体系里面只有需求管理这一种工具，但是问题是现在宏观经济学已经发展到了总供求模型，如果你仅仅还只有总需求管理的话，实际上意味着宏观调控体系的理论基础还是六七十年之前的那个宏观经济理论，没有体现宏观经济学理论本身的最新进展。所以，我们就根据这样一个总供求模型提出一个新的宏观调控理论体系，这里面除了需求管理之外，还有供给管理。

另外一个政策是价格政策。这个听起来有点奇怪，因为很多人认为，如果管理价格的话，就是计划经济。实际上不是这么回事，为什么呢？因为在一个市场经济里面，目前宏观经济学之所以存在，有一个前提假设就是价格刚性。价格刚性是什么意思呢？就是价格死在那儿不动了。西方也存在这样的价格刚性，这样的价格刚性本身的存在，就是宏观经济学存在的前提，如果没有它，宏观经济学就没了。现在西方宏观经济学的宏观调控里面只有需求管理，但是前提假设是有价格刚性，在存在价格刚性的情况下，要想增加产出，就只有增加总需求。但是，实际上按照西方经济学的原理，解决问题最简单的办法就是把价格刚性消除掉，如果价格本身能够灵活调整，自动调到瓦尔拉斯均衡，一切万事大吉。现在西方经济学的需求管理也罢，供给管理也罢，其实都是治标不治本的政策。治本的政策是什么呢？就是消除价格刚性，让价格本身自动能够均衡供求。

这就是我提出来的价格政策，而这个价格政策的功能就是消除价格刚性，实现价格灵活性，恢复市场的功能。

我的政策建议，当然就是这么三块。首先总体组合是需求、供给双扩张，因为我们面临的自然走势是需求、供给双萎缩，所以政策应该逆风而动，实行需求、供给双扩张，同时价格改革，提高价格灵活性，恢复市场功能。需求扩张的组合是财政扩张、货币中性，在货币政策维持中性的大框架下，可有结构性宽松或紧缩，而财政政策包括给企业和个人减税、促进制造业投资、增加转移支付扩大消费。

供给管理政策包括很多政策工具，比如制度变革，我们的改革开放中的改革，其实就是供给管理政策的一种，因为改革本身是提高劳动者和管理者的积极性，促进供给的。还有就是减税，减税相当于降低企业的生产成本。再者是降低交易成本和行政成本，比如说我们国家的简政放权。还可以设法提高劳动力的配置效率，比如说提高劳动力的流动性。还有加快技术进步、加快产业升级、对外开放等等。对外开放的目的是什么呢？引进海外优质的、廉价的资源，这也相当于降低企业的生产成本。

价格管理政策的目标是恢复市场的功能。提高政策利率弹性，就是实现利率市场化，促进金融资源的正确配置。扩大汇率波动的幅度，就是在汇率形成机制里面，让市场发挥的作用更大一些。但除此之外价格政策还有别的功能，比如可以利用价格功能去产能，也就是价格本身就有去产能的功能。去产能的时候，不一定非要靠行政手段，随着价格的降低，自然有一部分低端产能会消失掉。

通过这些政策，我们认为搞一个合理的组合，就可以实现 0.5 个百分点的增速提升，使得经济增速提高到 6.5% 以上。

四、中国经济的风险点

最后我说一下 2018 年中国宏观经济的风险点。我说过“红犀牛”，“红犀牛”是我本人提出来的概念，什么意思呢？跟灰犀牛[①]相对，红犀牛是指由政府搞出来的那种灰犀牛事件，因为政府是红色的，所以叫红犀牛。2018 年中国经济中可能会出现许多红犀牛。首先是去杠杆，包括金融去杠杆和国有企业去杠杆，这两个杠杆去不好，可能会引发金融危机或者是国有企业出现债务危机。其次是调控房价。最近调控得力度非常大，北京的房价跟 2017 年三四月份相比，真下降了 15% 左右。如果老百姓形成房价下跌的预期，房价的崩溃可能就近在眼前了，这是典型的红犀牛事件，是政府搞出来的。第三个是汇率政策，刚才说了，2018 年可能需要人民币贬值，但是人民币贬值可以有各种方法，如果政府的贬值路径或者是方法、节奏不对头，可能也会引发红犀牛事件。2015 年的“8・11”就是一个典型的案例。还有环保风暴，这也可能造成一个红犀牛的事件。

① “灰犀牛”指经常被提示却没有得到充分重视的大概率风险事件。

葛新权　北京信息科技大学经济管理学院硕士生导师，北京交通大学博士生导师。著有《经济统计与经济模型》、《技术创新与管理》、《泡沫经济理论与模型研究》、《软科学资源共享研究》、《实验经济学导论》（主编）、《博弈实验进展》（主编）等。

实体经济是现代化经济体系的脊梁

葛新权

在中国特色社会主义新时代，我国社会主要矛盾已经转化为“人民日益增长的美好生活需要和不平衡不充分的发展之间的矛盾”。如何解决这个矛盾，是摆在当前一个重大而紧迫的重大问题。2017 年 12 月 8 日中共中央政治局召开会议，为 2018 年经济工作做出部署，提出要确保打赢三大攻坚战。防范化解重大风险，使宏观杠杆率得到有效控制，金融服务实体经济能力增强，防范风险工作取得积极成效。鉴于过去实体经济与虚拟经济发展取得的成绩与存在的问题，我们认为，实体经济是国家经济的脊梁，应大力发展，以支撑现代化经济体系建设。

一、发展实体经济的意义

改革开放以来，我国经济取得了很大成就，但在发展中也存在一些问题。当前，实体经济与虚拟经济失衡是一个突出问题，这主要表现在：金融和实体经济失衡，房地产和实体经济失衡，凸显出实体经济和虚拟经济不平衡，导致虚拟经济与实体经济都存在一些问题和潜在风险。

实体经济问题既源于自身创意创新、质量品牌等方面的不足，更重要的是来自虚拟经济潜在的发展风险。一方面，以金融业为代表的虚拟经济在一定程度上脱离实体经济而自循环发展，同时金融业助推房地产业形成较大的泡沫风险；另一方面，以制造业为代表的实体经济面临问题，如扣除实体经济的平台，真正的实体经济发展后劲不足，发展生态与文化环境急需改进。更值得关注的是，制造业中的一些企业由于创新不足，竞争力弱，利润空间有限，只能在原材料等要素上打折扣，有的以不达标排放来降低成本，生产出质量低或假冒伪劣或侵犯知识产权的产品。结果，实体经济发展不足，不仅自身受到伤害，而且成为满足人民日益增长的美好生活需求的发展“瓶颈”。

以上存在的现实问题，在一定程度上可以归结于虚拟经济与实体经济的失衡。一方面，本来社会资源应在实体经济与虚拟经济之间合理配置，但由于虚拟经济吸收大量资本等资源自循环，既挤占了实体经济资本等资源投入，又游离实体经济之外发展。另一方面，金融业游离实体经济的自循环还形成不良的生态文化，对人们的择业观、事业观、财富观、生活观与生命观都产生了较大影响，大量人力和资本都在追逐虚拟经济；对诸如实体经济灵魂的质量、品质、品牌，以及展现“踏实、吃苦、肯干”的制造业文化、工匠精神带来了十分不利的影响，以致一些制造业企业转而发展金融地产，既加剧了滋长的金融和地产泡沫，又使实体经济雪上加霜，经济陷入“入虚脱实”境地，“资金空转”，以致在较弱的实体经济基础上人为形成了较大的金融泡沫。

这些现实问题已经引起中央高层重视，有关部门从“金融是政治”理念着手治理，并取得了积极的成效。11 月 8 日，党中央、国务院决定设立国务院金融稳定发展委员会，作为国务院统筹协调金融稳定和改革发展重大问题的议事协调机构。该机构的第一次会议就强调，要继续坚持稳中求进的工作总基调，坚持稳健货币政策，强化金融监管协调，提高统筹防范风险能力，更好地促进金融服务实体经济，更好地保障国家金融安全，更好地维护金融消费者合法权益。11 月 20 日，习近平总书记主持召开十九届中央全面深化改革领导小组第一次会议并发表重要讲话。会议审议通过了《关于建立国务院向全国人大常委会报告国有资产管理情况的制度的意见》，标志着中央着手解决金融监管以及“斯蒂格利茨怪圈”、外汇储备管理体制等重大问题。12 月 1 日，银监会首次定义现金贷，并划定 7 条风险底线。同时，有专家学者还建议引入“绿色金融”“监管科技”，对金融工作加强全方位监管与问责。无疑，大力发展实体经济，加严金融监管，不管从短期还是中长期都需要做出艰苦的努力，应对各种各样的风险因素和不确定因素，对于满足人民日益增长的美好生活需要，以及解决“人民日益增长的美好生活需要和不平衡不充分的发展之间的矛盾”，实现我国经济发展战略目标起到了决定性作用。

二、实体经济与虚拟经济的关系

要大力发展实体经济，满足人民日益增长的美好生活需要，关键要解决实体经济与虚拟经济失衡问题，进而规避、减弱或消除潜在的风险。这就需要研究实体经济与虚拟经济的关系。

从理论上讲，实体经济与虚拟经济有着特殊的辩证关系。原本在人类社会有剩余产品时产生了交换需求，进而等价物出现，因此，以金融为代表的虚拟经济是应实体经济发展需要而产生的，虚拟经济发展伴随着实体经济发展并对其起着积极作用。可见，实体经济和虚拟经济构成了国家整体经济中不可缺失、不可分离的两个组成部分。但是，在实际中，准确、合理、有效把握二者的平衡关系，确实是一件很艰难的事情。一方面，整体经济是人类社会永续的、动态的和复杂的劳动与生活过程，这种客观复杂性决定了实体经济和虚拟经济的平衡关系是相对的，而不是绝对的；另一方面，人们对这种相对的平衡关系的理解与认识不同，决定了他们的思维、动机与行为不同，产生的结果也不同。因此，只有正确理解追求实体经济和虚拟经济相对平衡，才能使它们处于良性循环，不断推进整体经济运行的稳定、健康、可持续发展。否则，二者的恶性循环，将必然对整体经济产生巨大的破坏作用。纵观国内外历史上发生的“泡沫破裂”事件，至今人们回想起来仍心有余悸。实现相对平衡与如何把握，就成为问题的关键。为此，我们需要研究实体经济与虚拟经济相对平衡关系与特点，从而有利于准确把握实体经济与虚拟经济关系，使之形成良性循环。

首先，实体经济具有品质特征，虚拟经济具有文化特征。“皮之不存，毛将焉附。”实体经济最大的特征是满足人类的生命、生理、生活与生产需要；虚拟经济是满足实体经济发展的需要，固然虚拟经济通过创新对实体经济发挥积极作用，但不可否认实体经济是基础。从经济发展时序上说，实体经济呈长期趋势，而虚拟经济呈围绕趋势的波动。当然，这种波动代表着激励或势能，也是一种动能，体现出虚拟经济对实体经济的积极作用。这种波动对应趋势基准应有一个相对合理的幅度，两者表现为统计上均值与标准差的关系，标准差的大小代表实体经济与虚拟经济相对平衡的度量。从长期发展来看，实体经济的生命力在于其产品的品位等级和质量等级，表现为品质；而虚拟经济的生命力在于其服务与艺术，表现为文化。只有实体经济与虚拟经济良性循环，融为一体，才能创造出国家经济的品牌。

其次，实体经济具有约束性，虚拟经济具有无约束性。实体经济受市场供求关系，以及各种投入要素等资源、生态环境与技术创新的限制，其发展规模依市场规则是可以预期，并且可以控制的。但虚拟经济则具有预期或非预期放大的正负作用或溢出效应。如建立股市的初衷是把社会分散资金以市场规则集中投入有市场前景的产品与技术上，但股市一旦建立起来后，不同程度上具有“合法赌场”的成分，这也是强调加严监管金融市场，大力发展实体经济的缘由；又如同计算机的产生本来是解决复杂计算问题的，结果它改变了世界；以及雷达仿生且放大人类眼睛的功能，让人类实现了太空梦想；再比如人工智能、量子计算机的出现将改变人类的思维与行为（我们也认为，人工智能思考的核心在于计算，人工智能在做选择的时候是基于计算的，它凭借超强的计算能力和记忆力去模仿人，但恰恰是人，人的选择是很难被模仿、被计算的，因此它终将代替不了人类）。因此，虚拟经济原本应实体经济需求产生，而一旦产生后，难免会溢出“游离实体经济外发展”背离现象。也就是说，虚拟经济由于不像实体经济那样受各种投入要素等资源、生态环境与技术创新的限制，其发展动机与规模依市场规则也是可以预期或不可预期，但不是完全可以控制的。关键在于我们如何正确认识这种背离现象。如果把这种背离控制在一定合理范围内，这正是虚拟经济溢出的正效应，以及对实体经济积极作用的体现。相反，不加强监管与控制，这种背离就会自然膨胀，当超出某一阈值后就产生显著的负效应，表现为虚拟经济产生巨大的泡沫风险，实体经济与虚拟经济严重失衡，进而对实体经济产生伤害，以致实体经济无法支撑虚拟经济而导致泡沫爆破、整体经济崩盘。因此，正确认识与判断虚拟经济正负作用，以及正负作用拐点的阈值是十分重要的，进而实现发挥其正作用，抑制或减弱或转化其负作用，即实现虚拟经济服务于实体经济的同时积极发展，达到良性循环发展。如“扁鹊三兄弟悖论”，扁鹊善起死回生而传世，他的二哥善疑难杂症而有名，而他的大哥善预防而无名。我们认为，之所以如此，因为预防无法求证，很难让人相信。因此，对虚拟经济进行控制，尤其预控都是很难的，但又是必要的，唯一的选择是严加监管与控制。

再次，实体经济相对“实”，虚拟经济相对“虚”。无论实体经济还是虚拟经济，都是实中有虚、虚中有实，这是两者相互提供投入要素与循环融合的结果，但它们之间相互作用的关系是不对等的。一方面，实体经济体现在“实”，是指它满足人类生命、生理、生活与生态基本需要，其生产需要各种投入要素等资源、生态环境与技术创新。而虚拟经济体现在“虚”，是指为提供满足人类生命、生理、生活与生态基本需要生产所需的服务，以及理财、投资等需求。另一方面，实体经济直接创造货真价实的利润，而虚拟经济本身创造虚拟或数字利润，只有把虚拟经济进入并通过实体经济才能创造真正的利润。因此，由于信息不对称与定价问题，“资金空转”就会产生风险，且空转次数越多，产生的风险越大。此外，实体经济的不同产业之间存在着内在关系，且这种关系表现为虚拟网络关系，既有本质区别又有联系。从理论上讲，虚拟经济的不同产业之间也存在着内在的虚拟网络关系，同时实体经济不同的产业与虚拟经济不同的产业之间也存在着虚拟的网络关系。即使我们只考虑实体经济及其不同产业与虚拟经济的关系，从统计上讲，这也是多维均值与标准差的非线性叠加关系。因此，把握这种关系的难度是很大的。我们需要把握实体经济不同产业与虚拟经济内在的关系，既要平衡实体经济产业发展，又要创造虚拟经济中的制度、政策、监管等满足实体经济产业需要，还要发展虚拟经济。正是实体经济与虚拟经济的实与虚不同，决定了它们之间的相互作用关系是不对等的。也就是说，虚拟经济满足实体经济发展需要的作用，远大于虚拟经济对实体经济发展的推动作用。同样，这也是需要加严监管金融的理由。

综上所述，实体经济是国家经济基本面，是坚实的脊梁；而虚拟经济是国家经济晴雨表，显示未来的信心。但这种信心必须建立在实体经济的坚实基础上，否则，晴雨表失灵，信心会不足。同时，由于实体经济与虚拟经济关系具有多维性，二者的相对平衡关系还体现出复杂性、综合性、动态性、不对等性。这对我们把握这种相对平衡关系带来了更大的挑战与难度。我们把握好这种相对平衡关系，实体经济与虚拟经济两者就呈良性循环，使国家经济稳定、健康、可持续发展；否则，二者处于各种各样的不良循环中，会造成国家经济不稳定、不健康、不可持续发展。针对它们不对等的相互作用关系，我们认为，基于实体经济是国家经济的脊梁，因此加严监管与控制虚拟经济要比实体经济调控更为重要。这一点对于我国当前显得尤为重要和紧迫。

三、营造好实体经济发展环境

贯彻落实十九大精神，满足人们对美好生活的向往，需要大力发展实体经济。基于对实体经济与虚拟经济具有复杂、综合、动态、不对等性的相对平衡关系的认识与把握难度，发展实体经济的思路是：以十九大精神为指导，在发展实体经济的同时，需要从严、适度发展虚拟经济。基于此，需要营造好以下五个环境。

1. 企业家成长环境

中国特色社会主义进入新时代，发展实体经济是解决“人民日益增长的美好生活需要和不平衡不充分的发展之间的矛盾”的关键，也是实现从全面建成小康到社会主义现代化强国的关键。同时，实体经济是推进质量发展、建设现代化经济体系的基石。2017 年 9 月 8 日，党中央、国务院发布了《中共中央国务院关于营造企业家健康成长环境弘扬优秀企业家精神更好发挥企业家作用的意见》。在以“创新、协调、绿色、开放、共享”五大发展理念推进生态文明建设中，落实党中央国务院文件精神，必须努力营造企业家成长环境、大力弘扬企业家精神、更好发挥企业家作用。法国著名经济学家萨伊认为：“企业家的作用是将经济资源从生产力和产出较低的领域转移到较高的领域。”熊彼特则强调创业精神，认为企业家就是创业者，是开创新生意并承担其风险与不确定性的人。可见，企业家不仅是第一个“吃螃蟹”的人，而且是富于理想、勇于作为和承担风险的人。他们是国家经济脊梁的顶梁柱。试想，如果一个国家没有人愿意当企业家，那将是什么情形？当然，也不是每个人都能成为企业家！关键是，我们的社会应营造一个有利于企业家成长的环境，让那些想成为、有能力成为企业家的人在创业中，尤其在从事实体经济创业中成长。

企业家是社会中的优秀群体，具有极强的创新特质、资源整合能力和拼搏精神，能够敏锐地感知社会、经济与技术发展趋势和消费者的未来需求，在经济发展中的作用不可或缺和不可替代。首先，认清这一点，对于当前我国实体经济发展具有极为重要的意义。其次，尊重企业家，肯定企业家尤其民营企业家的贡献，正确看待他们，着力营造依法保护企业家合法权益的法治环境、促进企业家公平竞争和诚信经营的市场环境、尊重和激励企业家干事创业的社会氛围。第三，营造企业家文化，弘扬企业家爱国敬业、遵纪守法、艰苦奋斗的精神；弘扬企业家创新发展、专注品质、追求卓越的精神；弘扬企业家履行责任、敢于担当服务社会的精神。

2. 工匠人才培养环境

营造社会氛围，正确认识实体经济与虚拟经济相对平衡关系。一方面，要尊重实体经济。根据兴趣爱好选择职业，有利于转变就业观念，促进实体经济创新，追求美好生活，实现绿色发展。另一方面，要敬畏实体经济。发展实体经济与资源、生态与环境保护密切相关，推行王浩院士基于“水安全、水资源、水环境、水生态、水景观、水文化、水经济、水管理”提出的“自律式”发展思想，这是发展实体经济的底线。否则，为发展实体经济，却浪费了资源、破坏了生态、污染了环境，是得不偿失的。这方面的教训是深刻的。为此，在实体经济发展中，我们既要坚决摒弃过去“先污染后治理”的错误理念，坚决杜绝过去“吃掉子孙饭”的错误行为。同时，我们需要营造培养工匠人才的社会环境。

首先，弘扬工匠精神。长城、都江堰、“水长城”红旗渠等，以及许多非物资文化遗产都是世界奇迹，也是我们中华民族辉煌历史、灿烂文化的象征，更是我国工匠精神的历史典范。在新时代，需要把工匠精神发扬光大，营造“尊重劳动、尊重创造、尊重工匠人才”的生态环境。其次，营造工匠文化。大力宣传我国历史与当代各行各业工匠大师坚守兴趣初心、精益求精、持之以恒的精神，宣传他们“一辈子做好一件事”执着踏实的工作信念与态度，宣传他们成长成才的事迹与贡献，让历史记住他们，让我们及后辈敬仰他们。第三，营造制造业文化。对于制造业，精确度、稳定度、耐久度是反映其水平与质量技术指标的“三度”，可以高度概括为态度。也就是说，首先需要从态度上敬畏资源、敬畏环境、敬畏制造、敬畏产品；其次从精确度、稳定度、耐久度上敬畏设计、敬畏技术、敬畏工艺，营造制造业文化，以形成劳动者有信仰的态度，以及爱岗敬业、踏踏实实、创新合作、精益求精的风气，为那些想成为新时代工匠人才的劳动者营造良好的文化环境。

3. 质量与品牌提升环境

我国经济已由高速增长阶段转向高质量发展阶段，提高供给体系质量，打造中国制造品牌成为主题；坚持质量第一、推动质量变革、增强质量优势、建设质量强国成为重大命题。习近平总书记在致 2017 年中国质量（上海）大会贺信中指出，质量体现着人类的劳动创造和智慧结晶，体现着人们对美好生活的向往。因此，人民美好生活需要很大程度上就是对质量的需要，新时代必然是质量的时代。

落实十九大精神，必须营造好实体经济有效发展的质量环境。

第一，建设现代化经济体系，需要深化供给侧结构性改革，把发展经济的着力点放在实体经济上，把提高供给体系质量作为主攻方向，显著增强我国经济质量优势，进而加快建设制造强国，加快发展先进制造业。这凸显了质量特别是制造业质量的特殊重要性。“质量为先”也正是《中国制造 2025》的一条基本方针。坚持质量第一、质量为先，提高供给体系质量，打造中国制造的金字招牌，应该成为全社会的广泛共识；下最大气力开展质量攻关、提升质量标准、提高进出口商品质量、加强全面质量监管、打造质量品牌，成为全社会的共同行动。每个企业、每个组织、我们每个人，都需要在提高“中国制造”质量、打造“中国制造”品牌方面作出应有的努力。

第二，进一步落实国家质量发展战略。质量管理体系认证是推进全面质量管理的有效手段，能够促进企业提升质量管理、传递质量信号、培养质量人才。我们需要贯彻落实《中共中央国务院关于开展质量提升行动的指导意见》，加强全员、全方位、全过程质量管理，积极推进“质量管理体系认证升级版”工作，大力推动建立突出行业特色的质量管理体系认证、推动建立特定行业的质量管理体系分级认证、推动开展整合管理体系认证、加快认证技术创新、鼓励开展认证增值服务。

第三，在制造业研发创新中积极推行“负责任的研究与创新”，即“负责任创新”。负责任创新是哲学家海斯托姆（Tomas Hellstrom）、欧文（Richard Owen）等在叶韦伯（Max Weber）、约纳斯（Hans Jonas）、伦克（Hans Lenk）等人提出的“责任伦理”和“预防伦理”等基础上提出的。欧文认为，负责任创新意味着通过目前对科学和创新的集体管理来关注未来。欧洲委员会成员尚伯格（Rene von Schomberg）进一步认为，负责任研究和创新是一个透明的、互动的过程，社会行动者和创新者在此过程中多方面彼此呼应，充分考虑创新过程和其适销产品的（伦理）可接受性、可持续性和社会赞许性，使得科技进步适当嵌入我们的社会生活。因此，“负责任创新”对于承担社会责任，实施绿色设计、制造与消费，开展循环利用，保护生态环境，实现可持续发展，具有重要的现实意义。

在质量保障方法体系上，积极推行“双归零质量保障方法体系”。这个体系是中国航天工作者基于“负责任创新”理论创造的质量保障方法体系。“双归零”追求的是工程产品和工程过程在质量和管理两个方面“零缺陷”和“零事故”。其中，技术归零要求：“定位准确、机理清楚、问题复现、措施有效、举一反三。”而管理归零要求：“过程清楚、责任明确、措施落实、严肃处理、完善规章。”可见，这个体系对于制造业具有普遍价值。

第四，建立质量溢价市场机制与规则，保护生产高质量产品企业获得质量溢价。在营造质量环境中，重要的是建立质量溢价市场机制与规则。因为提高产品质量，需要增加投入，成本就会上升，如果因市场机制与规则缺失或失灵，市场上不能形成优质优价，即质量溢价，则生产高质量产品的企业就没有利润，甚至亏损。这样的市场环境极不利于实施质量战略，更不利于企业提高产品质量。因此，必须建立优质产品产生质量溢价的市场机制与规则，营造良好环境，保证生产优质产品的企业有足够多的利润，实现质量持续改进与提升。为此，一方面，坚决打击假冒伪劣或侵犯知识产权行为，依法治理违法排放，杜绝“劣币驱良币”现象，给优质产品应有的较大的市场占有率空间；另一方面，形成优质优价机制，以确保优质产品获得质量溢价，让生产优质产品的企业有更大的发展空间。这有助于企业创新驱动，实现质量发展，提升产品质量，促进实体经济发展。

第五，创造品牌溢价。基于品质是由产品（或服务）的品位等级和质量等级表达的，所以需要从品质和文化两个方面开展品牌建设。同样，创造品牌需要更大的投入，产生的全部成本更高，这个成本包含整个品牌建设中所发生的各种费用，如研发、创新失败费用等。鉴于品牌是一种无形资产，也是一种知识产品，其边际收益是递增的，所以品牌产品更应该充分体现"优质优价"，在定价机制与政策方面应允许有一个较高的品牌溢价。同时，在全社会还需要加强市场监管，加大严厉打击假冒伪劣和侵犯知识产权行为的力度，创造公平竞争的市场环境，为品牌产品提供干干净净的环境，让品牌企业获得高回报，实现品牌溢价，让品牌企业在未来有机会、有资源、有发展，实现以质量为基础，创新为灵魂，培育创造出更多享誉世界的中国品牌。值得重视的是，积极借助军民融合，把国防航天军工先进技术应用于民用产品开发制造中，提升品牌，创造中国品牌是大有作为的。

4. 人工智能引领环境

实体经济的空间布局于一个城市，或者说一个城市是实体经济的载体。

首先，需要把智慧城市建设与实体经济发展结合起来。智慧城市建设的灵魂是智慧，因此既要用智慧建设城市，也要用智慧发展实体经济。一是全方位开展智慧化城市建设。智慧城市主要体现在"智慧"两个字上。基于经济社会发展与资源环境生态保护，从城市建设理念、定位、功能、路径等方面进行颠覆性创新，实现生态可持续发展。每个城市都应充分利用智慧的力量，并把智慧融入城市功能、规模空间布局，基础设施建设与社会、经济、人口、交通、金融、生态环保发展，以及社区、医院、学校、商店、垃圾处理等，实现智慧化。二是全方位开展智慧化实体经济建设，集世界智慧驱动实体经济技术、工艺、产品与管理创新，发展智慧经济，同时驱动知识创新，发展知识经济。正如前所述，在实体经济与虚拟经济相对平衡关系，以及实体经济循环发展与可持续发展方面，都需要大智慧、大知识、大技术与大管理。三是需要通过围绕智慧化城市建设发展智慧化实体经济，或围绕智慧化实体经济发展建设智慧城市，把实体经济与智慧城市建设有机结合起来。

其次，落实《新一代人工智能发展规划》（国发〔2017〕35 号），利用知识创新与新一代人工智能机和信息网络发展实体经济，实现智慧城市建设。人工智能及其产业飞速发展，已经上升为国家战略。如今信息流引领人工智能新时代，它既是新一代人工智能的新理论、新技术、新平台，又是与社会新需求相结合的产物，具有强大的延展性和渗透性，即人工智能驱动的信息流是经济发展的新引擎。我们认为，未来人工智能驱动的知识流将真正是经济发展的新引擎，成为智能制造、智能零售、智能能源、智能金融、智能医疗、智能教育、智能政府，以及智慧城市建设的新动能，为实体经济创新驱动发展提供了机遇与挑战。同时，人工智能将在国防、医疗、工业、农业、能源、金融、商业、教育、公共安全等领域获得广泛应用，催生新的业态和商业模式，为各行业带来新的机遇。因此，我们需要以人工智能为引领，把实体经济提高到一个新的水准。大数据、大计算、大模型是人工智能驱动知识流的三大关键技术，可通过大数据、大计算、大模型应用，提升实体经济质量水平。同时，应用知识、数据、算法和应用领域发展人工智能产业。

再次，关注和利用我国大科学与大科学装置研究所取得的对国家经济建设、国家安全和社会发展具有战略性、基础性和前瞻性贡献的成果，支撑未来的实体经济发展。通过精益化、标准化、自动化、服务化、个性化、全球化、数字化、智能化，实现中国制造转变为中国“智造”。正如十九大报告中指出的：加快建设制造强国，加快发展先进制造业，推动互联网、大数据、人工智能和实体经济深度融合，在中高端消费、创新引领、绿色低碳、共享经济、现代供应链、人力资本服务等领域培育新增长点，形成新动能。

5. 金融监管加严环境

大力发展实体经济，需要发展虚拟经济。重要的是把握两者的平衡关系，以及处理平衡关系的选择。

首先，实体经济发展需要政策支持，同样虚拟经济发展也需要政策，但这种政策应以满足、服务、支持实体经济发展为出发点和落脚点。在实施“创新、协调、绿色、开放、共享”五大发展理念上，应以绿色发展为抓手，以绿色制造业带动实体经济发展。一方面，大力推行绿色设计、制造、消费政策，同时推行绿色金融，“金融思维”应以支持绿色实体经济发展为前提。特别强调，所谓“财富 = 收入 + 债务”观点是错误的，“家庭的职务性收入和财产性收入比例”的观点也有失偏颇。它们误导人们过度负债与过度理财，追求“一夜暴富”，加剧资本自循环。另一方面，加大税收政策，实施严格的阶梯税率，减少实体经济与虚拟经济收入巨大差异。在按劳分配原则下，尊重知识、技术与人才，兼顾公平与效率，在国民收入初次与再分配中利用税收、法律、保险等政策，把实体经济与虚拟经济收入差距控制在一个适度的范围，或对实体经济减税，以有利于实体经济和虚拟经济相对平衡，也有利于在全社会形成正确的择业观、事业观、财富观、生活观与生命观，有利于社会和谐。

其次，基于实体经济与虚拟经济相对平衡，以及不对等相互作用关系，当实体经济与虚拟经济处于良性循环时，不需要调控；但当它们处于各种不良性关系，即失衡时，则需要调控。在调控方向选择遇到矛盾时，应本着“两害相权取其轻，两利相权取其重”原则，也就是以有利于实体经济为出发点与落脚点，有时需要虚拟经济做些牺牲，不能为了虚拟经济而牺牲实体经济。需要通过长期理论与实证研究，找到实体经济与虚拟经济两者之间的多维相对平衡关系测度与阈值，从而判断两者是否处于相对平衡或良性循环，以确定调控方向与调控力度。为此，我们能够选择的是对金融加严监管。不可否认，以金融为代表的虚拟经济对实体经济的积极作用，尤其是金融科技（Fintech）为金融业注入了新的发展活力，促进了金融创新，但同时对金融生态体系产生了重要影响，对金融监管也形成了更加严峻的挑战。为有效应对金融风险，确保金融安全，监管科技（RegTech）应运而生。鉴于金融科技把移动互联、大数据、云计算、人工智能、区块链等融入金融体系，呈现跨界化、去中介化、去中心化和自伺服等特征，监管科技同样强调新技术，诸如机器学习、人工智能、分布式账本、生物识别技术、数字加密以及云计算等在监管领域的运用，以提升监管效能，降低金融从业机构的合规成本，实现“主动式监管”。通过加严监管，实现资本向技术创新、产品创新方向流动，而不是技术创新、产品创新向资本方向流动，更不是资本的自循环，从根本上解决虚拟经济泡沫风险，促进实体经济稳定、健康、可持续发展，做强国家经济脊梁，实现实体经济与虚拟经济良性循环，实现创新驱动发展。

近日，中共中央办公厅、国务院办公厅印发了《关于实施中华优秀传统文化传承发展工程的意见》，为我们营造企业家成长环境、工匠人才培养环境、质量与品牌提升环境、人工智能引领环境、金融监管加严环境，大力发展实体经济，满足人们对美好生活的向往需求，实现制造强国的战略目标提供了更好的文化氛围与更大的文化力量。

郝全洪 中央党校进修部研究员、博士。

加快建设现代化产业体系

郝全洪

党的十九大提出，要着力加快建设实体经济、科技创新、现代金融、人力资源协同发展的产业体系。这是中国特色社会主义进入新时代，着眼于建设现代化经济体系这个战略目标而提出的一项重要战略性举措。现代化产业体系是现代化经济体系的主要内涵和战略重点之一。能否顺利建成现代化经济体系，直接取决于能否顺利建成实体经济、科技创新、现代金融、人力资源协同发展的现代化产业体系。

现代化产业体系是建设现代化经济体系的重要支撑

其一，从经济活动类别看，经济体系主要由生产、流通、分配、消费组成，生产环节构成经济体系的先决环节。从系统论角度看，经济体系包括市场体系、宏观调控体系、产业体系等方面。

其二，富强民主文明和谐美丽的社会主义现代化强国内含着经济现代化。现代化经济体系的核心内涵之一，是加快建设实体经济、科技创新、现代金融、人力资源协同发展的产业体系，提高供给体系质量和效益。

其三，学界通常认为，一般意义上的现代化产业体系，其含义因不同经济发展程度的国家而不同，因国家处于不同经济发展水平而不同。笔者认为，区别于通常意义上的现代产业体系，现代化产业体系是与党的十九大报告提出的“现代化经济体系”相呼应和相适应的现代化产业体系类型，并且与党的十八大报告提出的“现代产业发展新体系”相衔接，是专指与当前我国贯彻新发展理念，建设现代化经济体系相适应的产业体系。它具有先进性、动态性、开放性、可持续性和以人民为中心等重要特征。

其四，现代化产业体系着眼的是供给侧和结构性，瞄准的是提高质量、效率和效益。西方经济增长理论强调劳动、资本、技术三要素，认为经济金融化甚至虚拟化是发展水平较高的标志。但是，国际金融危机和中国特殊的国情决定了我国不可能重走西方国家经济发展的老路。我国的现代化征程，离不开实体经济的大发展，更加依赖经济投入三要素的质量和效率，不能任由经济的无限制虚拟化，要开发质量更高的人力资源，依靠现代金融给现代化经济体系注入强劲的血流，追求自主创新能力基础上的科技创新，特别是促进实体经济、科技创新、现代金融、人力资源协同发展。

其五，改革开放以来，我国产业发展取得了举世瞩目的成就，但产业发展总体质量和效益还不够高，核心竞争力还不够强，与世界先进水平和国内发展需要相比还有差距。面对国际经济格局深刻调整、国内经济发展进入新常态的新形势，特别是落实党的十九大报告提出的“从全面建成小康社会到基本实现现代化，再到全面建成社会主义现代化强国”的战略安排，实现中华民族伟大复兴的中国梦，加快建设现代化产业体系的意义十分重大。

着力建设现代化产业体系的关键领域

现代化产业体系是以实体经济为主体的产业体系。我国是个大国，必须发展实体经济，不断推进工业现代化、提高制造业水平。建设现代化经济体系的着力点是实体经济，战略任务是加快建设实体经济，战略措施是深化供给侧结构性改革。随着我国社会主要矛盾转化和经济由高速增长阶段转向高质量发展阶段，制约经济持续健康发展的因素既有供给问题也有需求问题，既有结构问题也有总量问题，但供给侧和结构性的问题是矛盾的主要方面。供给结构失衡，不能适应需求结构的变化；供给质量不高，不能满足人民美好生活和经济转型升级的需要；金融、人才等资源配置存在“脱实向虚”现象，影响发展基础的巩固。必须把发展经济的着力点放在实体经济上，以提高供给体系质量作为主攻方向，显著增强我国经济质量优势。要推动产业优化升级，促进产业迈向全球价值链中高端；加快改造提升传统产业，深入推进信息化与工业化深度融合，着力培育战略性新兴产业，大力发展现代服务业，积极培育新业态和新商业模式；鼓励更多社会主体投身创新创业，培育更多经济新增长点，加快形成经济发展新动能；坚持“三去一降一补”，优化存量资源配置，扩大优质增量供给，实现供需动态平衡。

现代化产业体系的根本动力源是科技创新。创新是引领发展的第一动力。科技创新是全面创新的主要引领，是国家竞争力的核心，是经济发展的第一动力。经过长期努力，我国科技发展成就显著，一些重大科技成果进入世界先进行列。目前，我国研究与开发经费占国内生产总值的比重已经超过 2%，达到经济合作与发展组织国家平均水平。但我国科技创新能力与经济实力相比还不相称，与经济建设主战场和人民美好生活的需要相比还显滞后。科技创新存在自主创新能力不强、科技资源分配不合理、科技创新激励机制不足、科技与实体经济“两张皮”、科技成果转化率低等问题。必须坚定不移贯彻创新发展理念，深入实施科教兴国战略、人才强国战略、创新驱动发展战略，大力推进科技创新。要加快建设创新型国家，加强国家创新体系建设，建立以企业为主体、市场为导向、产学研深度融合的技术创新体系，倡导创新文化，强化知识产权保护，支持大众创业、万众创新，以高水平的科技创新作为支持，发挥科技创新对构建现代化产业体系的独特作用，使科技创新成为产业升级的持续驱动力。

现代化产业体系的血脉是现代金融。目前，我国金融总资产已达 200 多万亿元，总体实力明显增强。但还存在着供给约束和资金配置扭曲的问题，大量资金流向房地产或在金融系统内空转，产能过剩行业占有大量资金，新兴产业和中小微型企业资金需求得不到满足，致使实体经济转型升级得不到金融供给的有效支持。要大力发展现代金融，深化金融体制改革，防止和治理各类经济泡沫，降低过高的杠杆率，化解金融风险，以现代金融为保障，更好发挥资本市场、绿色金融、风险投资、并购投资、保险等金融工具的功能，增强金融服务实体经济能力，为实体经济创新发展、转型升级提供高效便捷、功能多样、成本合理的融资服务，强化金融的实体经济输血功能。

人力资源是现代化产业体系中最宝贵的资源。人是生产力中最活跃的因素。目前，我国劳动从业人员超过 7 亿人，其中各类知识和技能人才超过 1.5 亿人，已经具备了相当的人力资源基础。但也存在一些突出问题，如劳动力资源总量呈现下降趋势、人才供需结构性矛盾比较突出、科研人员队伍大而不强、高精尖人才相对缺乏、工程技术人才培养同生产和创新脱节等。必须以人力资源培育为支撑，为各行各业转型升级提供符合需要的高素质人力资源和各类实用型人才，以人力资本提升弥补劳动力资源总量下降的不足。要大力开发人力资源，实行更加积极、更加开放、更加有效的人才政策，培养和造就一大批具有国际水平的人才和高水平创新团队。要提高供给体系质量，激发和保护企业家精神，鼓励更多社会主体投身创新创业，建设知识型、技能型、创新型劳动者大军，弘扬劳模和工匠精神，营造劳动光荣的社会风尚和精益求精的敬业风气。

实现现代化产业体系的全面发展和整体协同

实体经济、科技创新、现代金融、人力资源是相互促进、相互依赖的一个整体，任何一方面出现短板，都会拖其他领域发展的后腿，从而影响整个现代化产业体系建设的水平。只有把资金、人才、科技等要素组合起来，以质的适应性、量的均衡性、时间的有序性、空间的聚合性和配合的协调性投入到实体经济中去，促进现代化产业体系建设，推动建设现代化经济体系，才能实现经济创新发展和转型升级。总体而言，我国在实体经济、科技创新、现代金融、人力资源等方面已经形成一定的基础和竞争优势，要素保障能力明显增强，但科技、人才、金融等要素还没有形成有效组合、向实体经济聚力发力的协调发展格局。

充分发挥科技创新成果转化为现实生产力的作用，发挥资本、资产、资金支持产业发展的作用，发挥各类劳动者和人才投身于创业创新的作用。要把科技、劳动力与人才、资本等各种生产要素组合起来，调动好、配置好、协同好，协同投入实体经济，注重实体经济、科技创新、现代金融、人力资源协同发展和相互促进，形成现代化产业体系的整体发展效应，协同促进企业技术进步、行业供求衔接和产业优化发展，协同促进实体经济和产业体系优质高效发展。现代化产业体系是开放的体系。只有更高水平的开放，更好运用国际国内两个市场和两种资源，更好融入全球产业分工体系，才能更多地为建设现代化产业体系注入新动力、增添新活力、拓展新空间。

梅新育 著有《国际游资与国际金融体系》、《90 年代美国经济》（合著）、《大流转——国际货币风云录》（合著）等。

造就可持续开放经济

梅新育

造就可持续开放经济——正值反全球化浪潮日渐高涨之际，这一问题正日益成为中国面临的重大考验。

毫无疑问，中国必须坚持开放经济，在当前环境下更有必要扮演事实上的自由贸易旗手。因为自 1990 年代中期以来，中国的外贸依存度就已经在全世界主要经济体中名列前茅，新世纪以来更是跃居世界第一出口大国和数一数二的进口大国。倘若没有充分利用国内外“两种市场，两种资源”，中国绝无可能在如此短的时间里取得如此经济成就。如果不能坚持开放经济，中国能否维持当前的经济与生活水平尚且很成问题，遑论继续赶超西方发达国家了。

坚持开放经济的原则不成问题，问题的关键在于如何造就可持续的开放经济。由于步入“新时代”的中国已经不是当年单纯“与国际惯例接轨”的国际市场波动被动承受者，而已经成为世界经济增长的最大贡献者与主要调控者，正在向国际经济规则的引领者方向发展，中国比 1840 年以来任何时候都更需要独立思考。无论“唯美是从”，还是“逢美必反”，本质上都是把思考、判断、选择的权力交给西方、特别是美国，而不是独立思考。作为一个生气勃勃积极稳妥追求发挥更大国际作用的新兴大国，中国经济在国际竞争中面临的压力主题正越来越多地从“赶超”转向“被赶超”，我们没有必要也不应该一味指责特朗普接二连三退出、重新谈判区域自贸协定的做法是“反全球化”，我们更应该思考，这样一个曾经的全球化最大受益者与引领者，是如何在众多实体经济部门丧失了领先地位、又是如何走到主体民众质疑、反对全球化的地步？而且这些民众还不是那种追求坐享福利的人，而是崇尚劳动价值观的人？

归根结底，无论是对于世界，还是对于美国自身，美国主导的全球化体系都存在内在的不可持续因素；时至今日，终于难乎为继。仓廪实而知礼仪，一国对国际社会的首要和最大贡献就是把自己的事情办好。内囊日渐空虚而侈谈贡献国际社会，只不过是可笑的呓语。中国要想对全球化长久发挥更大作用，要想给贸易伙伴提供更多的“搭车”共同发展机会，甚至扮演事实上的自由贸易旗手，就必须长久确保自身国际竞争力强大。换言之，我们需要追求造就一个可持续的开放经济，而一国对外经贸的表现归根结底植根于其国内经济社会。为此，我们需要从以下三个方面作出努力，即创造和维持有利于创新的环境、依据开放与市场化原则调整国内产业、避免“福利民粹主义”陷阱。

一、消除阻碍创新的壁垒

创新的重要性不言而喻，而且中国在“赶超”进程中充分利用了创新的“后发优势”。然而，随着中国跃居世界第一制造业大国、第一出口大国、第二经济大国，随着中国一系列产业和基础设施跃居世界前列、为此投下的沉没成本数额日益巨大，我们舍不得已经做出的巨额投入的惰性也在日滋月长。在理论上，一旦出现新的更先进的替代技术，完全有可能出现我们为惰性所累而不能积极跟上技术革新潮流、被今天的后发新兴市场反超的现象。须知，在现在的后发新兴市场经济体中，不乏潜心钻研中国发展之道而力图赶超者，他们当中未必没有一个两个、甚至更多国家已经具备了足够资源与能力，能够在某些领域有效整合利用其后发优势，而帮助他们发掘实现其后发优势的还可能是中国的创新者。在一些案例中，我们已经看到了这种苗头。

为避免“后发优势”双刃剑伤及我们自身，为了长久保持自己的竞争力，我们需要不断降低、消除阻碍我们采用新技术的成本和壁垒，包括客观存在的经济性壁垒与人为设置的壁垒。

在客观存在的经济性壁垒中，最重要的莫过于旧技术投资形成的巨额沉没成本，许多曾经领先的企业、地区、国家正是因为难以舍弃这笔曾经的巨额投入而不愿意采用新技术，甚至宁可扼杀新技术。为了降低这种壁垒，我们制定的折旧率不能太低，在技术进步较快的产业尤其需要实行加速折旧。

同时，为了方便企业决策者下决心淘汰旧设备，改用新设备，我们还需要推动二手设备市场发展，从而间接降低企业投资新技术新设备的总成本。

不断引进新技术，降低固定资产投资成本，还需要抑制固定资产投资中的征地拆迁成本，避免食利者在社会财富中无偿占有过多份额。

为了不断激励企业技术进步的内在动力，我们需要打破垄断，遏制贸易保护主义倾向。

二、确保“中国制造”竞争力

根据开放与市场化原则调整国内产业，首要的是进一步开放上游能源、原料等初级产品行业。就整体而言，新中国自成立之日起就以工业化为不变目标，早在改革开放前夕，中国就已经不是沙特、南非、拉美那种国民经济高度依赖初级产品产业的国家，而是初步建成了比较完整的工业体系，如今更是世界第一制造业大国。决定中国经济社会可持续发展能力的不是初级产品产业，而是下游的制造业、服务业等产业。上游能源、原料等初级产品价格居高不下，必然直接提高制造业、服务业等下游产业的成本，进而损伤其国际竞争力。在2002—2011年间的世界性初级产品牛市中，石油、煤炭、金属矿产等初级产品行业利润率固然大大提高，却极大地压缩了中国制造业的盈利空间，对中国经济社会可持续发展构成了严重威胁。倘若国内上游产业产出价格普遍、大幅度高于国外水平，更会从根本上动摇我国制造业和整个国民经济的竞争力，逼迫我国国内制造业流失。中国国内棉花价格长期高于国际市场价格，大大增强了国内纺织服装企业外流以求利用廉价棉花、能源的动机，甚至劳动力成本远远高于中国的美国也出现了中资纺织企业，“中国制造”纺织服装在一些重要市场上份额出现下降，就已经给我们敲响了警钟。何谓“经济安全”？对于已经跃居世界第一制造业大国的中国而言，保证制造业基础的竞争力才是至关重要的经济安全。

不仅如此，中国特色社会主义进入“新时代”，给我们带来的并不是只有利益，而是也有新的压力。从农业原料到矿产资源，中国许多初级产品资源禀赋、品位、成本在全球市场上并无优势。在新中国成立后相当长时间里，一方面是因为彼时我国劳动力、土地等各类要素成本优势相当大，初级产品成本即使有劣势，也还不足以抵销这些成本优势，另一方面我国又与其他发展中国家一样长期面临“外汇缺口”约束，必须尽可能使用国内投入。在这种情况下，对国内初级产品行业实施一定保护，不会动摇“中国制造”不断开拓国际市场的势头。然而，到了今天，中国劳动力、土地等各类要素成本已无明显优势，或是已经处于劣势，初级产品成本劣势完全有可能会成为压垮骆驼背的最后一根羽毛，摧毁我们制造业在开放市场上的价格竞争力。在这种情况下，加之中国已经摆脱了“外汇缺口”约束，更多地使用进口优势资源，减少使用国产初级产品，势在必行。

如果说此前数十年我们目睹的是“中国制造”不断替代外国制成品，那么，在当前和未来数十年，我们将见证越来越多的中国国产初级产品被进口品替代。实际上，在新世纪里，中国这个世界第一大煤炭生产国已经转为煤炭净进口国，煤炭进口量高峰时期逾 3 亿吨，占全球煤炭国际贸易总量 1/3；而我们的原油生产量也在消费量持续增长的同时出现了多年来的首次下降……毫无疑问，在这一进程中，我们的初级产品部门需要承受一定时期的调整阵痛，但在就业形势较好时主动调整比日后被动调整要好得多。

三、警惕“福利民粹主义”陷阱

要造就可持续开放经济，对中国体制决策与行动能力的更大挑战在于能否摆脱“福利民粹主义”的陷阱。即使对于已经站上国际经济体系顶层的发达国家，福利民粹主义也注定不可持续，因为它一方面降低了当事国家的国民储蓄率，进而使之陷入长期的财政、贸易孪生赤字不能自拔，经济优势不断流失；另一方面在中长期内它必然使得占总人口 60% 左右的传统中产阶层沦为“全球化冲击”中相对损失最大的输家。对于这些国家的经济与社会稳定，这意味着什么，可想而知。

之所以如此，是因为高福利归根结底来源于高税收，占总人口 20% 的上层在全球化进程中有更多的机会获利，同时也有更多办法逃避在母国的税收等项义务，以至于母国公共产品供给有恶化之虞；即使闹出了金融危机，他们也能凭借“太大不能倒”的地位绑架政府优先救援，从而最快摆脱金融危机冲击，甚至从金融危机中牟利。占总人口 20% 左右的最下层可以获得较多的政府扶持、社会帮助，在深受“白左”思维影响的社会福利制度下，不工作、吃救济的寄生者实际收入甚至往往还高于老老实实工作纳税的传统中产阶层，甚至往往发展到“按闹分配，多闹多得”的地步。相比之下，传统中产阶层既不能如同上层那样攫取全球化的大部分利益，又不能逃避母国的税收，而且是社会福利制度的净付出者，承担了大部分税收负担而得到的扶持、社会帮助较少。在经济景气日子过得去的时候，传统中产阶层对这些不平可能也就睁一只眼闭一只眼；到了经济萧条时期，这种不平就会集中迸发出来。近年西方国家反全球化浪潮为什么赢得了越来越多的传统中产阶层，为什么特朗普这样的反建制派能够异军突起赢得大选，归根结底，来源于此。

西方国家不是看不到“福利民粹主义”的致命后果，问题是他们的体制常常驱使政客为了短期选票而不顾一切诉诸国家民族的长期毒药。此前数十年竞争中，中国体制已经表现出了比其他国家强大得多的动员能力；那么，面对类似的“福利民粹主义”考验，中国体制又将交出一份怎样的答卷呢？

叶兴庆 国务院发展研究中心农村经济研究部研究员，中国农业大学兼职研究员，吉林农业大学兼职教授。著有《中国边缘地带的经济增长》、《现代化与农民进城》、《推进农村改革发展的行动纲领》、《社会主义市场经济中的农村经济体制》等。

以改革创新促进乡村振兴

叶兴庆

党的十九大首次明确提出实施乡村振兴战略。这是未来促进我国农业农村现代化的总战略，也是未来我国“三农”工作的总抓手。真正做到乡村振兴，必须以改革创新的思路，清除阻碍农业农村发展的各种障碍，激发农村各类要素的潜能和各类主体的活力，不断为农业农村发展注入新动能。

一、紧紧围绕农业农村同步现代化这一根本目标

进入新世纪以来，如何全面建成小康社会成为我国经济社会发展的头等大事。党的十六大、十七大和十八大，均立足于 2020 年全面建成小康社会的战略目标，对“三农”工作提出要求、作出部署。党的十六大明确提出，统筹城乡经济社会发展，建设现代农业，发展农村经济，增加农民收入，是全面建设小康社会的重大任务。党的十七大强调，要加强农业基础地位，走中国特色农业现代化道路，建立以工促农、以城带乡长效机制，形成城乡经济社会发展一体化新格局。党的十八大再次强调，城乡发展一体化是解决“三农”问题的根本途径，要加大统筹城乡发展力度，增强农村发展活力，逐步缩小城乡差距，促进城乡共同繁荣。在党中央正确领导下，在过去十几年全面建成小康社会的进程中，我国农业农村发展取得历史性成

就、发生历史性变革。

肯定成绩的同时，也要清醒地看到，城乡二元结构明显仍是目前我国最大的结构性问题、农业农村发展滞后是我国发展不平衡不充分最突出的表现。从收入和消费看，尽管近年来农村居民收入和消费支出增长速度快于城镇居民，但 2016 年我国城镇居民人均收入和消费支出仍分别高达农村居民的 2.72 倍和 2.28 倍，城乡居民家庭家用汽车、空调、计算机等耐用消费品的普及率差距仍然很大。从全员劳动生产率看，2016 年非农产业达到人均 12.13 万元，而农业只有 2.96 万元，前者是后者的 4.09 倍。从基础设施看，2016 年全国农村还有 46.2% 的家庭使用普通旱厕，甚至还有 2% 的家庭没有厕所；26.1% 的村生活垃圾、82.6% 的村生活污水未得到集中处理或部分集中处理；38.1% 的村村内主要道路没有路灯。从基本公共服务看，2016 年 67.7% 的村没有幼儿园、托儿所；18.1% 的村没有卫生室、45.1% 的村没有执业（助理）医师。从社会保障看，目前农村低保、新农保、新农合保障标准也明显低于城镇居民和城镇职工。这还仅仅是数量上的差距，如果看质量，城乡差距就更大了。

根据党的十九大的部署，2035 年我国要基本实现社会主义现代化，这比以前的部署提前了 15 年；2050 年要把我国建成富强民主文明和谐美丽的社会主义现代化强国，这比以前描绘的目标更高。尽管在未来 3 年决胜全面建成小康社会过程中，农业农村还会发生新的变化、取得新的进步，但到 2020 年实现全面建成小康社会目标时，我国城乡二元结构仍将相当突出。从这个起点出发，我国将迈入全面建设社会主义现代化新征程，农业农村发展如何跟上整个国家现代化的步伐，是摆在我们面前的重大挑战。如果说小康不小康关键看老乡，那么也可以说，现代化不现代化关键看农业农村。实施乡村振兴战略，根本出发点就是要使农业农村现代化与整个国家现代化保持同步。

二、牢牢把握优先发展和融合发展两大原则

在城乡二元结构明显的背景下，要促进农业农村现代化与国家现代化同步，必须深化对“农业农村农民问题是关系国计民生的根本性问题”这一重大论断的认识，

真正做到“始终把解决好‘三农’问题作为全党工作重中之重”。特别是要贯彻新发展理念，坚持农业农村优先发展和城乡融合发展。

坚持农业农村优先发展，就是要发挥政府有形之手的作用，着力补国家现代化的短板。重点是两个方面：一是推动公共资源向农业农村优先配置。这是消除城乡之间基本公共服务存量差距的迫切需要，也是防止城乡之间基本公共服务出现增量差距的必然要求。经过多年努力，农村基本公共服务体系的“四梁八柱”已经搭建起来，实现了从“无”到“有”的历史性变革。目前主要问题在于公共服务领域的城乡差距仍然太大，农村公共服务的保障水平太低。应把从“有”到“好”作为主攻方向，继续推动城乡义务教育一体化发展、着力提高农村义务教育质量和便利性，完善城乡居民基本养老保险制度、着力增加农民基础养老金，完善统一的城乡居民基本医疗保险制度和大病保险制度、着力提高农民报销比例，统筹城乡社会救助体系、着力提高农村低保标准和覆盖面；加大农村道路、供水、供电、通讯等基础设施投入，加快农村生活垃圾、污水处理能力建设。二是提高农业支持保护政策的效能。最近两年，国家已开始着手调整完善农业支持保护政策，如实行棉花目标价格补贴试点、推行玉米“市场化收购＋生产者补贴”、推进农业“三项补贴”制度改革。今后我国农业支持保护政策的力度还应继续加大，关键是要调整政策的着力点。应突出竞争力指向，加大对农田水利、土地整治、农业科技、职业农民培训等的投入，促进农业降成本、提效率。还应突出绿色生态指向，加大对退耕还林、退耕还湿和退养还滩、节水灌溉、耕地地力保护、化肥和农药减量、农业废弃物回收、地下水超采和重金属污染地区治理等的投入，促进农业可持续发展。

坚持城乡融合发展，就是要发挥市场无形之手的作用，着力推进农业农村发展的质量变革、效率变革、动力变革。我国农业农村已由高速增长阶段转向高质量发展阶段。实现高质量发展，要求城乡资源配置合理化、城乡产业发展融合化。今后，解决好“三农”问题要借助城镇的力量，解决好城市的问题也要借助乡村的力量，城市与乡村应水乳交融、双向互动、互为依存。一是农村要对城镇的新需求做出灵敏反应。城镇居民对农产品量的需求已得到较好满足，但对农产品质的需求尚未得到很好满足；不仅要求农村提供充足、安全的物质产品，而且要求农村提供清洁的空气、洁净的水源、恬静的田园风光等生态产品，以及农耕文化、乡愁寄托等精神产品。捕捉这些新需求，应加快推进农业发展从增产导向转向提质导向，大力发展农村休闲旅游养老等新产业新业态。二是城镇要对农村的新需求作出灵敏反应。发展资源节约、环境友好型农业，迫切需要新型肥料和低毒高效农药；促进农业领域的“机器换人”、提高农业劳动生产率，迫切需要性价比高的农业机械，特别是适合丘陵山区和经济作物生产的小型农业机械；改善农村人居环境、提高农民生活品质，迫切需要新型建筑装饰材料、皮实耐用的垃圾和污水处理设备、经济适用的厨卫等家庭生活用品。捕捉这些新需求，应加快调整工业部门的技术结构和产品结构，提高“工业品下乡”的针对性和效率。

三、切实抓好“人、地、钱”三个关键

实施乡村振兴战略是一个系统工程，需要科学制定规划，按照“产业兴旺、生态宜居、乡风文明、治理有效、生活富裕”的总要求，全面推进各项振兴措施落地。核心是抓好“人、地、钱”三个关键：

（一）促进乡村人口占比下降、结构优化。2016 年我国乡村人口占比仍高达 42.65%、第一产业就业占比也高达 27.7%，来自农村的城镇常住人口中相当部分还未完全融入就业和居住的城镇，总体而言我国仍处于“要富裕农民必须减少农民”的发展阶段，必须坚定不移推进以人为核心的新型城镇化，继续促进乡村人口进城和农业劳动力转移。同时也要注意到，我国乡村人口进城和农业劳动力转移具有“精英移民”的特征，进城的人口和转移的劳动力在年龄、受教育程度、性别比例等方面明显优于留在农村的那部分人口和劳动力。实现乡村振兴，必须在促进乡村人口占比下降的同时，注重优化乡村人口结构，提高乡村人力资本质量。要优化农业从业者结构，加快培养现代青年农场主、新型农业经营主体带头人、农业职业经理人。既要重视从目前仍在农村的人中发现和培养新型职业农民，也要重视引导部分有意愿的农民工返乡、从农村走出来的大学生回乡、在城市中成长的各类人才下乡，将现代科技、生产方式和经营模式引入农业农村。加快培养造就一支懂农业、爱农村、爱农民的“三农”工作队伍，全面提高农村地区国家公务员、科技人员、教师、医生等的能力和水平。

（二）加快建立乡村振兴的用地保障机制。深化农村土地制度改革，是促进现代农业建设、发展农村新产业新业态的迫切需要。一要以农业现代化为目标完善农村土地“三权分置”办法。随着承包户就业结构、收入结构乃至居住地的变化，“农一代”逐步退出、“农二代”不愿务农，以及城乡社会保障制度的健全，承包地的生计保障功能在下降、生产要素功能在彰显，应据此调整完善对集体所有权、农户承包权、土地经营权的赋权，防止土地撂荒、地租过快上涨。二要完善农业设施用地管理政策。对农产品冷链、初加工、休闲采摘、仓储等设施用地，停车场、厕所、餐饮等配套用地，应实行更灵活和宽松的管理政策。三要优化城乡建设用地布局。切实落实“将年度新增建设用地计划指标确定一定比例用于支持农村新产业新业态”的既有政策。审慎改进城乡建设用地增减挂钩和耕地占补平衡操作办法，为乡村振兴留出用地空间，不要急于把农村建设用地腾挪到城市、把欠发达地区建设用地腾挪到发达地区。四要探索盘活农村闲置宅基地的有效途径。在不以买卖农村宅基地为出发点的前提下，积极探索有效利用农村闲置宅基地的具体办法。例如，农村集体经济组织可以将村庄整治、宅基地整理等节约的建设用地，以入股、联营等方式，发展乡村休闲旅游养老等产业和农村三产融合项目。又如，农村集体经济组织可以通过出租、合作等方式，盘活利用空闲农房及宅基地。

（三）建立健全有利于各类资金向农业农村流动的体制机制。无论是实现“产业兴旺”还是“生态宜居”，都需要大量资金投入。应从财政、金融、社会资本等多个渠道筹集乡村振兴所需资金。一要改革财政支农投入机制。一方面，要坚持把农业农村作为财政支出的优先领域，确保农业农村投入适度增加；另一方面，要把主要精力放在创新使用方式、提高支农效能上。要做好“整合”和“撬动”两篇文章。“整合”，就是要发挥规划的统筹引领作用，把各类涉农资金尽可能打捆使用，形成合力。“撬动”，就是要通过以奖代补、贴息、担保等方式，发挥财政资金的杠杆作用，引导金融和社会资本更多地投向农业农村。二要加快农村金融创新。农村存款相当部分不能在农村转化为投资，通过金融机构的虹吸效应流向城市，是亟待解决的现实问题。要从“建机制”和“建机构”双管齐下。“建机制”，就是要落实涉农贷款增量奖励政策，对涉农业务达到一定比例的金融机构实行差别化监管和考核办法，适当下放县域分支机构业务审批权限，解决投放“三农”贷款积极性不足的问题。“建机构”，就是要优化村镇银行设立模式、提高县市覆盖面，开展农民合作社内部信用合作，支持现有大型金融机构增加县域网点，解决投放“三农”贷款市场主体不足的问题。三要鼓励和引导社会资本参与乡村振兴。鼓励社会资本到农村发展适合企业化经营的现代种养业、农业服务业、农产品加工业，以及休闲旅游养老等产业。创新利益联结机制，引导社会资本带动农民而不是替代农民。加强产权保护，稳定投资者预期。

陈文胜 湖南省社会科学院农村发展研究所研究员。著有《乡村债务的危机管理》、《乡镇视角下的三农》、《新农村建设热点难点着力点》。

怎样理解乡村振兴战略

陈文胜

党的十九大报告明确提出，社会主要矛盾已经转化为人民日益增长的美好生活需要和不平衡不充分的发展之间的矛盾。十九大报告有七大战略，乡村振兴战略是七大战略之一。为什么是乡村振兴战略而不是农村振兴战略？也不是农业发展战略？原来提县域发展战略？现在却提乡村振兴战略？是区域概念还是突破口？

从城乡统筹向城乡融合的转变

十六届四中全会提出了两个趋向和判断，之前是城乡统筹，基本上是统筹城乡。因为是统筹城乡，城和乡是并列的，同等重要。同时，城乡统筹是谁在统筹呢？是政府在统筹。但是，十八届三中全会提出发挥市场配置资源的决定作用。那就是说，这次提出了城乡融合发展机制和政策体系的概念，十八届四中全会也提出了城乡融合机制，但没有提出一个政策体系。在这里城乡统筹是政府主导，城乡融合是市场的决定性作用和政府的推动作用。因为，有了一个政策体系，要政府推动新农村建设，市场的原动力和政府的推动力要有机地结合起来。这是我的理解，这一点很明显，从城乡统筹向城乡融合的历史性转变。过去提出了两个趋向的重要判断，开始城乡统筹，以及城乡一体化。城乡融合的概念是马克思提出来的，是城乡发展的终极目标。什么叫融合发展？城市有城市的特点，乡村有乡村的特点，两者并存共荣共生，而不是扩张城市，减少农村、减少农民。我认为，从城乡统筹到城乡一体化到城乡融合发展，是中国城乡关系的第三次飞跃。

为什么这是第三次飞跃呢？当时提出城乡统筹、城乡一体化，胡锦涛同志提出两个趋向重要判断后，在2006年以前基本上取消了农业税。根据亚当·斯密在论述城乡关系时的论断，农业的剩余是工业化、城市化的先决条件。取消了农业税意味着工业化、城市化已经不依赖于农业的剩余了，中国两千多年来的“皇粮国税”的农业税被取消了，这是中国历史上千年大变局。因此我认为，中国第一次工业革命完成，取消农业税就是一个根本标志。但是，城市依不依赖农村呢？改革开放这些年以来，工业化、城市化带来财富的快速增长，尽管工业化已经不需要依赖农业了，但是城市化却严重依赖农村，土地财政和农民工就是根本标志。其中两个最基本的制度，一是土地制度，二是公共服务，使土地价值的增值和劳动价值的增值为中国的城镇化做出巨大的贡献。世界有一个共同的规律，所有国家在工业化起始阶段的积累都来自于农业的剩余，工业化、城市化进程中乡村都出现了普遍衰退现象。如西方国家的乡村“空心化”与城市“贫民窟”并存，至今都没有解决，这是一个世界性难题。所以，马克思、恩格斯把城乡融合与否作为一个社会革命成功与否的关键。十九大提出构建城乡融合发展的体制机制和政策体系，意味着像取消农业税那样破解土地财政和农民工问题，意味着如同工业不需要农业剩余那样，城市已经不依赖农村的剩余了，这是一个历史性的转轨，这是我的第一个判断。

“四化”同步发展到农业农村优先发展的转变

过去是重中之重，这次十九大报告也提出了新型的工业化、城镇化、信息化与农业现代化同步发展。但是，这里又提出坚持农业农村优先发展，这是前所未有的。为什么这个判断是前所未有的呢？尽管是重中之重，现在的主要任务就是补短板，在四化同步发展中，农业现代化是短板。同时，在小康社会建设进程中，农村是短板。那么，我们要抓住什么关键呢？过去所谓的四化同步，是工业化、城镇化进程中的农业现代化战略，是要满足工业化和城镇化需要的农业发展战略。在这个层面上提出优先发展，就倒过来了。倒过来的战略是农业农村发展的工业化和城镇化战略，从首先满足工业化和城镇化的需要，到优先满足农业农村发展的需要这样一个历史转轨。

那么，怎么样补短板？也就是习近平总书记提出的“小康不小康，关键看老乡”。农业农村的短板决定着整个社会发展的水平。中国现不现代化，关键看农业农村。所以，农业农村优先发展在十九大报告中正式提出来，把农业农村摆在一个前所未有的突出位置。而且，到这个阶段社会财富的源泉都已经来自工业和城镇了，我们不仅不需要农业的剩余，也不需要农村的剩余了，土地财政和农民工这两个基本制度要改革了。城乡差别还很大，最根本的差别在于城乡财产两极分化。同时，农民工得不到公平的待遇，包括教育、医疗等等。所以，在关键时候，土地财政和农民工都面临政策全面转轨，这是一个核心问题。

从农业现代化到农业农村现代化的转变

原来主要只讲农业现代化，如四化同步就只提农业现代化。十九大报告提出“农业农村现代化”，怎么理解呢？原来提农业现代化大多是从粮食安全的角度出发，现在把农业农村放在一起，那就不能单纯地把农村作为一个农产品供应基地。因为，乡村发展成了中国现代化的一个决定性因素。习近平总书记在十九大报告中明确提出，我们要建设的现代化是人与自然和谐共生的现代化，既要创造更多物质财富和精神财富以满足人民日益增长的美好生活需要，也要提供更多优质生态产品以满足人民日益增长的优美生态环境需要。生态产品能离开乡村吗？所以，“农业农村现代化”是从整体视野中看待乡村的发展。

再就是社会发展规律的必然，人类要回归大自然、回归乡村是一个社会发展的必然趋势。同时，随着信息化的不断推进，互联网极大地改变了城乡的空间距离，为新兴产业在乡村的发展开辟了广阔的道路。所以，农业农村现代化的历史转轨，使乡村的功能进入了多元发展的历史阶段。

实施乡村振兴战略，关键就是改革两个根本制度。首先要打破土地财政制度。因为，原来是农业支持工业，农业税取消了，农业这一块儿现在已经不存在问题了，但农村的土地仍然在为城市的发展做贡献，要像取消农业税一样取消土地财政，使土地的财富增值转变服务于乡村的发展。如果这个问题不处理好，乡村振兴战略就有可能成为画饼充饥。再就是公共服务制度，农民工市民化、农民市民化、城镇居民和农村居民同等地享受到国民待遇。

同时还要转变发展理念。原来搞城乡一体化是从经济规律来理解的，是资源要素的优化配置来促进城乡一体化发展。这一次呢？不仅要尊重经济发展规律，还要尊重生态发展规律，特别是社会发展规律，每一个村庄的形成是社会与自然演变的结果,很多村庄的形成有千年的历史。社会发展规律是什么？经济发展规律是什么？生态发展规律是什么？整个理念要归纳到“四个全面”和“五位一体”思路上来。不能单纯从经济角度，最根本就是不能再提用工业化的理念来发展农业，那是错误的。

还有一个是不能用城市化的理念来发展乡村。很多地方的新农村建设，我们不难发现，走过一村又一村，村村像县城，走过一县又一县，县县像农村。是乡不乡，城不城。要“看得见山，望得见水，留得下乡愁”。城乡融合发展，不仅城市要有城市的特征、乡村有乡村的特征，而且还要乡中有城、城中有乡，各司其职，共荣共生。过去不少人提出用城镇化的发展理念来发展乡村，无疑是南辕北辙，必须加以纠正。

公共管理

丁元竹 国家行政学院社会和文化教研部教授。著有《社区的基本理论与方法》、《中国社会建设战略思路与基本对策》、《美好社会的世纪求索》、《社会发展管理》、《中国社会安全网再造》等

重视互联网给社会结构带来的影响

丁元竹

社会媒体化和媒体社会化是当代社会发展基本特点之一。社会成员之间产生的信息及其信息网络已经成为经济活动的脉络。

我国有条件在新经济业态、政府改革创新、社会组织服务方式创新等方面发挥自己的后发优势，从而全方位、大力度地推进经济结构的调整和社会结构的变迁。

习近平总书记在十九大报告中指出，“经过长期努力，中国特色社会主义进入了新时代，这是我国发展新的历史方位”，“加强互联网内容建设，建立网络综合治理体系，营造清朗的网络空间”。当前，要深刻认识我国经济社会发展的历史阶段及其特点，尤其是新技术创新带来的社会结构变化，人类行为方式改变以及社会互动模式转型。只有牢牢把握这些，才能抓住社会发展的趋势。

一、技术创新挑战社会组织的发展

（一）互联网发展对社会的影响越来越广泛

社会媒体化和媒体社会化是当代社会发展基本特点之一。社会成员之间产生的信息及其信息网络已经成为经济活动的脉络。借助于网络，社会成员从来没有像现

在这样拥有对问题解决的参与热情和治理能力。政府有责任视这些信息和网络为国家财富和社会财富，并因势利导，充分动员，合理使用。

“互联网是一种内在的主动参与媒体（而不是像电视那样的被动参与媒体），它能为很多人提供社交化体验。交互性娱乐本身就是一个矛盾修饰的表达，人们在网络活动中获得的价值正是源自于积极的沟通、交流和组成人际关系圈子等行为。”

社会媒体正在跨越式发展并不断突破现有的界限。据估计，截至 2016 年底，全世界范围内将有 21.3 亿社会媒体用户，占 2016 年全球人口的近 30%。社会媒体正在成为组织与自己的雇员、客户、合作伙伴以及其他利益相关者沟通的最新方式。政府网络客户端、企业和单位的微信、群体之间的“朋友圈”正在取代传统的文件传输方式，改变传统的信息传播渠道，也同时改变着人们的行为方式乃至社会结构。

同时，社交媒体也正在取代传统媒体资源。技术、科学、知识的进步必然导致现代化进程加速。眼下，使用互联网的人口几乎占了世界人口的一半，看不到这一点就难以理解这个世界和它发生的变迁，看不到变革的方向，乃至那些颠覆性事件。我国的互联网用户已经超过了 50%，必须研究这个 50% 以上的人口结构和社会结构以及它对社会组织的影响。

2017 年春节，国人在除夕夜发放了 142 亿个红包，抢红包成了春节的一个重要活动，比上年增长了 76%。技术和文化进步也会带来社会组织自身的革命，不管人们是否认识到，这是一个不可逆转的过程。

（二）“在线”成为一种基本的社会互动方式

“在线”已经成为当代社会关系和社会结构的重要特征。互联网塑造了网上的在线行动。在线互动成为当代信息化的基本特征之一。“我们原本处于一个离线的世界，在本质上，装置是离线的，物件是离线的，人也是离线的。传统的计算技术把物理的离线世界变成了数字化的离线世界。互联网技术把离线变成了在线，而后者给人类社会带来的变化说不定会超过人类第一次使用火。”

大数据不是建设一个更大的硬盘和服务器系统，而是把现有的数据平台互联起来，形成一个在线的巨型数据系统和运算体系。这其中涉及打破现有利益格局，建立各个部门、地区、行业、单位之间的信息共享机制，以及信息安全制度。把千千万万个社会组织在线媒合起来，将产生巨大的社会服务能力。当然，这需要建设和发展组织各类社会力量的平台。

二、新的组织方式在发展中生成

习近平总书记在十九大报告中指出："加快建设制造强国，加快发展先进制造业，推动互联网、大数据、人工智能和实体经济深度融合。"新的技术发展、技术的深度融合催生新的组织方式。

（一）人们通过虚拟现实实现了各种分享

互联网在不同的年龄段会有不同的意义，年轻一代更喜欢虚拟现实。研究发现，城乡网民中各个年龄段的网民使用互联网主要分布在10—49岁的人群之间，尤其是10—19岁、20—29岁和30—39岁这几个年龄段。

在互联网环境中成长起来的年轻一代，对现实世界有虚拟感，对虚拟世界有现实感。两个在网上聊天聊得很好的人，见了面反而无话可说，反之亦然。

人们通过虚拟现实实现了各种分享——信息、服务乃至物品，虚拟现实将成为人们社会交往的最主要的形式之一。

"作为一款炫酷的娱乐设备进入人们视野后，虚拟现实将大大改革世界交互的方式，它对人类的多种体验所带来的影响怎么夸张都不为过。为什么？因为虚拟现实在接下来的几年将成为'现实生活'的补充，但随着大量的资本和注意力倾入这个产业，与之相关的技术也将发展。"

据有关统计，到2016年底，全球有47%的人口接进互联网，到2018年全球互联网普及率将达到51%。2016年，我国网民已经突破7亿人。

随着互联网技术的进步和智能社会的发展，社会组织面对的社会人群及其交往方式将会和正在发生巨大变化。网民接入互联网的主要场所是在家里，2014年12月和2015年6月，这一数字占比分别是90.7%和90.4%；其次是在单位，分别是31.1%和33.7%；再次是公共场所，分别是18.0%和18.8%。

网民们接进WiFi的情况也大致如此。这说明，大部分网民是利用闲暇时间使用互联网的，可能更多是用于社交活动，互联网的社交媒体性质和作用也由此窥见一斑。

（二）"朋友圈"成为一种非正式的社会组织

由于社交媒体的发展，社会和经济之间的交融从来没有像今天这样密切。微信的发展已经超出社交应用，进入平台级入口，成为新媒体中的佼佼者。

微信成为人们了解时事，掌握新知识、新思想和学术动态的重要渠道，2016年微信公众平台文章每天阅读超过30亿人次，25%的微信用户每天打开30次，55.2%每天打开10次。我国媒体经历了初期的天涯社区到方兴未艾的移动社交应用的发展，短短10年已经发生了天翻地覆的变化。

无处不在无时不在的互联网传媒和由其组成的"朋友圈"，加速了在一些重大问题上的预期一致性。不过，"社交媒体属于短形式的介质，其共振信息被放大许多倍。最好的时候，它可关注信息，并向人们展示不同的观点。而在最糟糕的时候，它会过度简化重要主题，并将我们推向极端"。

对于社交媒体的正面作用要肯定，但其负面影响也要考虑，如对自媒体中的假信息和谣言的管控，必须建立起监督机制和追责机制，及早加以规范，这种规范来自国家的法律法规，也来自全体人民的自律。

（三）新生代典型的社会特征影响其行为

新生代是数字原居民，专心与社交媒体打交道，是社交媒体的爱好者。只有通过在线数据对这类人的群体特征进行分析，才能详细把握他们的特点。

当前，这会涉及个人隐私等有关法律问题，必须完善相关法律法规。"我们可以连续监测一个社会组织——小群体、公司和整个社区。方法很简单：通过收集手机、社交媒体上的帖子和信用卡交易记录等数字痕迹来进行检测。"借助于虚拟现实技术，信息跟踪会成为未来的重要趋势。公司、政府、社会组织可以通过用户服务的大数据对用户进行信息跟踪。一个硬币有两面：一方面带来了个人隐私问题；另一方面也带来了服务的便利性。

习近平总书记指出："我国社会主要矛盾已经转化为人民日益增长的美好生活

需要和不平衡不充分的发展之间的矛盾。”互联网和智能手机的广泛应用过程中，居民对公共服务的个性化需求越来越凸显和越来越迫切，这已经成为“美好生活需要”的重要组成部分。

传统的公共服务供给模式将难以为继，必须借助数字技术来满足日益增长的个性化的居民公共服务需求。所以，社会组织创新意味着使用数字技术来提升服务效率，通过数字和网络把个性化服务需求计算出来，借助于网络化和数字化来生产多种多样的产品，产生全新的服务体验。

三、创新社会组织服务方式

（一）开发丰富体验色彩的服务项目

社会服务如何适应新生代对于“体验”的要求是一个关键问题。经济社会越来越朝着“体验“方向升级。“随着世界越来越融入体验经济时代，原来可以通过非经济活动获得的很多体验将会逐渐出现在商业领域中，这就必然带来巨大的改变。换句话说，以前我们可以免费获得的东西，现在要付费才能体验到了。”在这里，经济与社会的界限变得越来越模糊。例如，家庭内部是人类精神的“避风港”，但是家庭也会出现成员关系紧张等问题。

历史上，家族和社区会对家庭关系有调解作用，在当代社会中出现了精神导师，诸如社工师等。正如有人所说的“灵魂的个人培训师”，他们可以对家庭关系进行调解，这些“灵魂的个人培训师”可以通过社会组织进行，也可以通过企业提供，关键是视服务对象而定。

我国正在积极推进群团组织改革，试图发挥类似妇联等组织在家庭结构调节中的作用，甚至“共青团 + 社工 + 志愿者”正在成为一种工作模式。未来，商业化的“灵魂的个人培训师”也许会与群团、社区和社区社会组织一道在一个领域中工作。“体验“会通过各种各样的方式出现在人们的生活中。

在组织方式和治理模式上，如何通过这类服务和服务组织来实现对社会的治理，需要深入研究和积极探索。

（二）承担起消除数字鸿沟的历史重任

随着互联网普及，社交移动媒体在世界范围内快速扩张。从全球来看，我国属于互联网后发国家，但我国的互联网应用却是走在前列的，后发优势在互联网领域得到了很好的体现。

我国有条件在新经济业态、政府改革创新、社会组织服务方式创新等方面发挥自己的后发优势，从而全方位、大力度地推进经济结构的调整和社会结构的变迁。

当然，这也需要政府和全体人民有深刻的认识。消除数字鸿沟是其中一项十分重要的任务。社会上有一部分人，尤其是老年人，不能适应数字技术的发展，被甩到了数字群体之外。社会上正在形成巨大的数字鸿沟，需要社会组织和志愿者参与到这个领域中来，消除数字鸿沟，推动社会协调发展。

就像 20 世纪 60 年代，电视成为公众交流的主要媒介，21 世纪移动社交媒体正在承担起同样的角色。在网络支付等问题上开展数字鸿沟填平运动，应当像 20 世纪 50 年代开展的扫盲运动一样，成为一场社会运动。

（三）中国社会组织应领跑世界

就经济社会发展和互联网应用来说，我国社会组织正处于全新的发展阶段，已具备了领跑世界的能力。与其他国家比较，我国是互联网应用发展较快的国家，根据《2016 年我国互联网络发展状况统计报告》，我国居民在线通信人数达到 60626 万人，网民使用率达到 90.8%；其他在线交流的形式包括“网络新闻”“搜索引擎”“网络音乐”“博客 / 个人空间”“网络视频”“网络游戏”“网络购物”“网络支付”等网民的使用率都超过 50%。

另一方面，“论坛 BBS”“电子邮件”和“微博客”网民则呈下降趋势，说明“离线”的人在减少，“在线”的人在增加，“在线”成为未来互联网发展的趋势。当然，“在线”互动程度和水平取决于人们对各类交流方式使用的熟练程度。在互联网应用上，我国涌现了一批世界级企业，诸如阿里巴巴、腾讯、百度等，我国也有条件推动产生一批世界级社会组织，在传播我国文化、价值观方面发挥独特作用。

总之，要像习近平总书记在十九大报告中指出的那样，“善于运用互联网技术和信息化手段开展工作”。以此为方向，中国的社会组织服务一定可以实现跨越式的创新发展。

冯仕政　中国人民大学社会学系教授。主要研究政治社会学、组织社会学、集体行为与社会运动、法律社会学、群体性事件、信访问题。主要研究成果有《西方社会运动理论研究》、《当代中国的社会治理与政治秩序》等。

集体行动、资源动员与社区建设
——对社区建设研究中“解放视角”的反思

冯仕政

社区建设是社会治理的重要组成部分，也是国家推动社会治理的重要抓手。加强社区建设受到普遍欢迎。然而，在社区建设如何开展这个问题上，许多政策和理论却长期执迷于“解放视角”，单纯强调国家向社会放权，而未充分注意到社区建设本身是一场集体行动，在社区内部存在一个复杂的动员和组织问题；如果社区内部不能很好地动员和组织，国家权力即使放得出，社区也未必接得住，兜了一圈最终还得依靠国家介入，不仅没有解决问题，反而造成新的甚至更大的问题。而大量研究已经表明，集体行动的形成和维持并不容易，甚至比让国家放权更难，社区建设也不例外。职是之故，本文将在反思“解放视角”的基础上，改从集体行动视角考察当前社区建设在资源动员上的两种重要模式及其可能引发的问题，然后指出社区建设研究今后应当改进的方向。

一、社区建设：理论反思与视角转换

尽管社区建设作为一项政治议程始于民政部门而非社会学界的倡议，但在该议程的推动过程中，社会学家参与甚多，影响甚大。对于社区建设，社会学中长期流行一种观点，即认为社会本来是有力量的，是可以自立和自理的，只是这种力量被强势的国家给抑制了。因此，只要把它从国家手中解放出来，社会就可以自立和自理；社会治理是这样，作为社会治理的一部分，社区建设也是这样。由于该观点的核心关切是国家与社会之间关系的调整以及社会力量的解放，本文称之为“解放视角”。尽管“解放视角”的渊源在社会学，但它的影响早已超出社会学界而扩散到整个学界、政府和社会。

然而，社会并不是自动均衡的，不是国家一放，社会就能自立和自理；不是像大海一样，搬走一块石头，水就自动涌过来填上。社区建设，不管是国家主导的，还是社会主导的，都必然是一场集体行动，涉及多人合作与共同行动的问题，但在“解放视角”的主导下，人们长期只关注国家与社会之间关系的调整，而对社区建设中的集体行动问题，即社区内部的关系如何调整和组织的问题，却甚少有专门的、系统的理论讨论。这无疑是一个缺憾。尤其是在社区建设中的集体行动问题已经大量地暴露并已有不少探索的情况下，对该问题进行明确的理论反思更有必要。

在社区建设问题上，“解放视角”的盛行和集体行动视角的缺位并不是偶然的，而是理论迷思与社会背景共同作用的产物。因此，要深入讨论社区建设中的集体行动问题，首先必须了解“解放视角”赖以形成和传播的理论及社会基础。前已指出，“解放视角”专注于国家与社会之间关系的调整，而对社区内部关系的调整留意不多。不难理解，这样一种思维取向的背后是对社会自动均衡和自我组织能力的高度信任。而社会学，正是一门对社会的自动均衡和自我组织能力深具信心的学科。

社会学对社会力量的信心根源于社会学长期秉持的“社会有机体”理念。在社会有机论看来，社会就像生物有机体一样是一个复杂而精密的系统，内部每个组成部分都具有某种功能，它们既相对独立又相互配合，共同满足社会有机体的种种需要，共同维系社会有机体的生存和发展。

显然，根据这一理解，社会本来就是一个自我组织、自动均衡、内部高度协作的整体。因此，对社会来说，集体行动从来就不是一个问题，问题只在于这种能力会受到外力的阻挠和破坏，而只要找回这种能力，整个社会就会又满血复活。因此，真正需要研究的，不是社会如何才能形成集体行动，而是如何才能将社会失去的集体行动能力拯救回来。这样一种思维，与“解放视角”及其对集体行动问题的忽视，何其相似乃尔。更有趣的是，这样一种思维又由于概念的翻译、中国社区建设和改革开放的独特历程等历史境遇而得以具化和强化。

众所周知，中文里的“社区”一词源自英语单词 community。所谓 community，指共同生活在一定区域内，并且有共同体意识的一群人。也就是说，就本义而言，community 同时包含两层意思：一是共同的地理区域；二是共同的集体意识。20 世纪 30 年代，吴文藻、费孝通等老一辈社会学家经过审慎考虑，决定将 community 对译为“社区”，“社区”概念从此在中文世界里流传开来。

然而，在传播过程中，“社区”概念也逐渐与中国社会背景相结合，获得了不同于其英文源词的含义，即“社区”这个中文词不管是从字面上，还是在实际使用中都特别强调其作为地理区域的一面。如果把“社区”看成是“社”和“区”的结合，那么，这样一种理解实际上是“区”重于“社”。而事实上，英语 community 及其德语源词 Gemeinschaft 在意涵上正好相反，它强调的是 community 或 Gemeinschaft 作为“共同体”这样一种社会整合形式相对于现代基于功能分化而来的社会整合形式的特殊性，突出的是其中的社会性内涵而非地理性内涵。易言之，在英语 community 和德语 Gemeinschaft 中，地理含义是附带、派生和从属于社会含义的，“社”重于“区”，而非“区”重于“社”。

“社区”概念相对于英文源词在意义上的偏移不全然是理解错误造成的。相反，它是当年中国社会学家根据中国社会的需要而有意为之的结果。在吴文藻、费孝通等先生看来，community 这样一个概念，不仅能够准确地刻画当时中国作为一个乡土社会的景象，而且从方法上说，“社会”是抽象的、漫无边际的，而“社区”则是具体的，有着明确的时间和空间坐落，因此，从“社区”入手可以，甚至只有从“社区”入手，才能对“社会”展开真正的、切实的研究。也就是说，他们将 community 对译成“社区”，并着意强调其中的地理内涵，是经过经验事实和研究方法两个方面的审慎考虑的。

这样一种着意强调“社区”之地理面相的意趣虽然与 community 的本义不完全吻合，但他们所讲的地理到底还是人文地理，并没有脱离社区作为共同体这一社会意涵。然而，随着时间和形势的推移，“社区”概念突出地理面相的弱点就逐渐暴露出来，即它在语用学上为人们只关注其作为地理区域而忽视其作为共同体的含义提供了空间；这样一种概念和观念，为“社区建设”滑向“政区建设”提供了思想基础。

“社区建设”作为一项国家政治日程是民政部在 1991 年首次提出的，其前身则是民政部于 1987 年提出的“社区服务”议题，是对后者的扩展。到 21 世纪初，国家开始大规模推进“社区建设”，以期用“社区”承接以往由“单位”和“组织”承担的社会管理事务。不难理解，这样一种意义上的“社区”具有强烈的行政色彩，指的是一个行政管理区域，而不是一种社会共同体，即使其中的地理内涵，也不是早期的人文地理，而是政治地理了。这样，“社区”变成了“政区”。在这样一种概念引领下的社区建设，自然容易变成“政区建设”和“政权建设”，非但不能激发和培育社会自立自理的能力，反而可能强化国家统制，失去为适应社会主义市场经济而推动社区建设的初衷。

尽管国家最初并不是基于社会学兴趣而提出“社区服务”和“社区建设”的，甚至对“社区”概念的社会学渊源和取向都不了解，但后来社会学家广泛参与“社区建设”议程，并对该议程的实施产生着重要影响却是不争的事实。在此过程中，从源远流长而根深蒂固的专业认知出发，社会学家显然会强调“社区”作为共同体的意涵，而对社区建设变成政区建设的走向感到忧心忡忡。避免社区建设行政化的用心当然是良好的，但由此也造成另外一种视野上的失衡，即由于强调社区建设的目标是恢复社区作为共同体的本义，而把大量注意力集中于如何调整国家与社会的关系，却对如何调整社区或社会内部的关系缺乏关注和思考，似乎只要调整国家与社会的关系，社区或社会内部的关系就会自动理顺一样。这种观点显然是不成立的，但由于专业背景和社会背景的双重作用，又确实很流行。

二、社区建设中的集体行动困境

在美国经济学家奥尔森 (M. Olson) 提出质疑之前，社会学曾经把不满情绪视为引发集体行动的关键甚至唯一因素，认为人们只要抱有相同的情绪和期待，就可以形成共同行动。但奥尔森指出，每个人都是追求自身效用最大化的理性人，参加集体行动的目的也是为了实现自身效用的最大化。因此，是否参加集体行动同样服从关于成本和收益的算计。而集体行动的困境在于，它生产的是在消费上不具有排他性的公益品，即一个人即使没有为公益品的生产付出成本，也同样可以享受公益品带来的好处。基于这一特征，作为追求效用最大化的理性人，人们自然选择的是“搭便车”，即在集体行动过程中袖手旁观，坐等摘桃子。如果人人都这么想，集体行动自然无从谈起。改变这一窘境的唯一途径是实施“选择性激励”，即通常所说的“赏罚分明”，多干多得，少干少得，不干不得。然而，实施选择性激励需要考核每个人的贡献，这是需要成本的。并且越是大型的集体行动，绩效考核的成本越高，实施“选择性激励”也就越难。因此，奥尔森预测，越是大型的集体行动，就越是难以形成和维持。

应该说，奥尔森的观点虽然极端，但它打破了社会学在集体行动问题上的理论迷思。长期以来，囿于“社会人”的假设，社会学并不认为集体行动的形成和维持是一个问题，因为人的社会性天然构成了集体行动的基础——生活在同一种社会环境中的人，已然形成共同的行为取向，在这种情况下，有集体行动是必然，没有集体行动才是怪哉。这一观点显然夸大了社会对个人的整合。但在“社会人”假设的遮蔽之下，社会学对这一点长期缺乏自知。事实上，奥尔森的理论并不是说集体行动不可能形成，而是说，任何集体行动的形成都不是自然而然的，而是必须通过一个复杂的组织过程；只有通过有效的组织才能实施选择性激励，尽可能降低参与的成本，提高参与的收益，从而保证集体行动的兴起和维持。

社区建设，不管是国家主导的，还是社会主导的，都必然是一场集体行动，同样存在一个如何通过有效的组织克服集体行动困境的问题。集体行动的形成和维持涉及许多方面的问题：比如，议程设置，即应该干些什么事，先干哪些事，后干哪些事；资源动员，即钱从哪里来，人从哪里来；组织建构，即由谁来干，谁指挥谁；等等。这些都是社区建设过程中需要仔细思量和安排的问题。对这些问题，“解放视角”显然缺乏足够的关注。如前所述，根据“解放视角”的理解，社会本身是有力量的，只是长期受到计划经济体制及其遗绪的窒碍，未能充分地释放。因此，社区建设的关键是把这种被遮蔽的力量从国家手中解放出来，一旦实现这种解放，社会就能自立和自理，社区建设也就大功告成了。这是一种严重忽视集体行动困境的浪漫主义观点，夸大了社会的整合性和自我组织能力。事实上，在当前，在社区建设中如何形成有效的集体行动已经成为一个突出的问题。

首先，随着社会的发展，社区内部的异质性和流动性不断增强，自我组织越来越困难。在传统社会中，社会流动极小，特定人群长期在特定的地理区域上栖息，经过长期而深入的互动，他们逐渐对环境形成了共通的理解，对彼此也形成了相对稳定的心理预期和合作结构，这些都为集体行动的组织提供了便利，有利于克服奥尔森所说的集体行动困境。然而，随着中国社会的不断转型，尤其是最近30余年来的改革开放，传统社会中那种有着相对明确的地理边界且内部同质性极高，亦即社会整合与地理区域高度一致的社区形态早已不复存在，社区建设只能在一个相对开放的地理环境和社会环境中进行。开放性所带来的异质性和流动性给集体行动的组织造成了极大困难。

有调查发现，随着市场化改革的深入，城市商品房小区的比例在不断上升，而商品房小区的邻里关系与老式街坊小区相比要冷淡得多。城市如此，农村情况也差不多：一方面，与城市一样，农村社区内部的分化同样在不断扩大，异质性增强；另一方面，随着人口大量迁往城市，许多村镇只剩下老人、妇女和儿童，组织集体行动即使有心，也有些无力。已有研究发现，在农村社区，异质性同样会降低人际信任，相互信任的下降自然会影响社区的集体行动能力。

其次，在社会本身的分化之外，国家对社区建设的强势介入会进一步扩大社区的异质性。众所周知，当前中国的社区制系由以前的街居制发展而来。新中国成立初期，国家在重新组织社会的过程中建立了“单位制”，大量人口都由所在单位服务和管理。与此同时，在单位组织之外，国家又建立了由街道办事处和居民委员会两级组织构成的“街居制”，其主要功能是配合单位制发挥作用，把不隶属于任何单位的城市居民组织起来。改革开放以后，为了应对单位制逐渐解体，大量“单位人”转为“社会人”，以及大量农村人口涌入城市，社会流动人口增加的新形势，国家明确提出了加强城市社区建设的意见。由此可见，国家大力推动社区建设的根本目的是为了承接单位制瓦解之后原来由单位承担的社会管理职能。这一意图在1991年民政部最初提出“社区建设”任务时尚不清晰，但在2000年《中办、国办关于转发<民政部关于在全国推进城市社区建设的意见>的通知》(中办发〔2000〕23号)中就非常明确了。

作为社区建设的一部分，国家逐渐将原来的居委会改革为社区居委会。在此过程中，尽管街道办事处和居委会两级管理体制的基本架构得以保留，但社区居委会承担的社会管理职能越来越多，社区的规模也越来越大。这就进一步增大了社区的异质性。一方面，不难理解，社区规模的扩大不可避免会带来新的异质性。另一方面，尽管中办、国办《关于加强和改进城市社区居民委员会建设工作的意见》(中办发〔2010〕27号)将城市社区居民委员会定位为"居民自我管理、自我教育、自我服务的基层群众性自治组织"，但它所承担的大量社会管理职能决定了，它是国家治理结构的一个重要组成部分。这就在社会本身的异质性之外又增加了国家的因素。对于社区来说，国家因素无疑是一个异质性因素，并且是一个影响力非常大的异质性因素。

总而言之，社区建设天然是一种集体行动，逃不脱集体行动所固有的困境。而社会本身的发展以及国家的介入所造成的社区内部的异质性，则进一步加大了组织集体行动的难度。所有这些都决定了，不能一厢情愿或先入为主地把社区想象成一个天然具有自组织能力的行动体，而必须深入思考社区建设在组织集体行动过程中面临的困境和可能的前景。

三、资源动员的两种模式及其问题

集体行动的形成和维持涉及历史情势、框架建构、资源动员和政治机会等多个方面和环节。限于篇幅，本文只讨论其中的资源动员问题。这里所谓"资源"，通俗地说，就是人、财、物。把社区建设成一个守望相助、唇齿相依的共同体，当然是一种很高尚的情怀，但石头飞得再高，最终都得落到地上，再高尚的情怀，最终都得落到资源上。而资源不会自动飞到你的碗里，必须去动员；动员到的资源，还存在一个如何组织以尽量提高效率的问题。

与奥尔森的预测相反，当前中国的社区建设非常红火，似乎并未被集体行动困境绊住。这就涉及奥尔森理论的一个潜在假设，即集体行动所需要的资源都是来自该行动人群内部，这样确实存在一个由于搭便车而引发的集体行动困境问题。然而，许多时候，集体行动所需要的资源不是来自一个人群内部，而是外部，这样就不存在由于人人想搭便车而导致集体行动难以起步的问题了。道理很简单：被人家占便宜，人人都不高兴；但一起去占人家的便宜，很多人反而会高兴。研究发现，动员和使用外部资源，已经成为当今集体行动发展的一个重要趋势。这一点是奥尔森没有注意到的。当前中国的社区建设搞得红红火火，一个重要原因就是资源来自外部，外部资源帮助克服了使用内部资源而可能引发的搭便车问题和集体行动困境。

从目前来看，社区建设对外部资源的动员主要有两种模式：一种是社会支持，另一种是国家投入。现在许多社会学家致力于做“社会实验”或“社区营造”，他们也给社区带去了大量资源，包括人力和物力。但比社会支持大得多的是国家投入，现在国家高度重视社区建设，为此投入了大量资金。据统计，在 2009 年至 2015 年期间，国家“城乡社区事务支出”从 5107.66 亿元迅速上升到 15886.36 亿元，在一般公共财政预算支出中的比例也从 6.69% 上升到 9．03%。事实上，这还只是与社区建设直接相关联的项目，没有计算其他由国家支出但由社区最终承接的项目类别。加上这些项目，国家对社区建设的投入将更大。

外部资源的输入固然有助于克服集体行动困境，但也会形成特有的问题，大体可以概括为以下三个方面：

（一）外部资源的可持续性

不管是社会资源，还是国家资源，都存在一个能否持续的问题。如果不能持续，社区建设将难以为继，甚至前功尽弃。所谓可持续性，主要包括两方面：一是时间上的，二是数量上的。现在无论国家资源还是社会资源通常都采取项目制的方式进入社区。由此带来的后果是，第一，资源的投入有着确定的时限，一旦超过时限，资源投入即告中止。而这个时限往往又是由社区外部力量设定的，并不总是符合社区的实际情况。因此，可能发生的情况是，项目的时限已到，社区建设的目标还没有实现。以四川灾后社区重建项目为例，在汶川大地震之初，灾民依靠外部大量涌入的救援资源解决了生计上的燃眉之急。在灾情稳定之后，灾民的首要需求仍然是生计问题，但救援组织已经将资源转投于他们认为更重要的重建工作上，导致社区真正的需求被忽视。

第二，许多项目常常是竞争性的，只有在竞争中胜出才能获得相应资源。而竞争性就意味着不确定性，亦即不能保证资源投入的可持续性。特别是当资源投入没有达到预期效果时，资助方很可能减少投入乃至终止项目合同。一个关于家庭综合服务中心的研究就发现，该中心因为评估不过关而被政府中止合同。

外部资源在数量上的可持续性同样堪忧。以笔者曾经调研的一个小区为例，该小区是当地自办物业的先进典型，其所收取的物业费标准相当低，每平方米 5 角至 8 角，一年的物业费收入约为 8 万，但社区物业各方面开支加起来每年要花 32 万。也就是说，光是物业费一项，就存在 24 万的缺口，这一缺口主要靠街道、区、市等各种渠道的经费进行补贴。目前当地财政还能支应，但最近两年财政趋紧，今后取消资助的可能性相当高。而一旦发生此种情况，已经习惯于依附此类资源的社区必然一时难以筹措如此大量的经费，大量社区建设项目只好停顿。现在在农村社区建设过程中，就有随着项目产品对政府的效用降低，政府往往会突然撤资，农民也不得不随之退出项目，双方难以形成稳定的合作关系的情况。

（二）社区建设的主体性

研究发现，外部资源的投入固然可以在一定程度上帮助克服集体行动难题，但同时也造成另一个问题，即社区民众可能因此而失去社区建设的主体性。因为外部资源在投入过程中往往会蕴含着自己的意图和目标，甚至规定了具体的操作方式。于是就发生一个问题：社区建设到底是谁的社区，谁在建设？就社区建设的本义而言，确应如中办、国办《关于加强和改进城市社区居民委员会建设工作的意见》所说，应该以居民“自我管理、自我教育、自我服务”为目标。然而，现在大量资源投入都带有附加条件。特别是国家以项目制形式进行的投入，许多项目对资源投入的目标、方式、进度和绩效都有着非常细致的规定，甚至达到了文牍主义的地步。社会资源的投入也存在同样的问题。即以社会学家为例，他们在参与社区建设实践时，念兹在兹的是把社区建设成一个人人心心相印、休戚与共的共同体。然而，一位在北京某地区进行“社区营造”试验的教授告诉笔者，他们在该地区投入了大量人力、物力和财力，但三年过去了，“基本没有什么成就”。原因就在于，他们一心想把社区建设成宜居有爱的“家园”，但当地居民却一门子心思想的是怎样把房子尽量分割得小一点，同样的面积多搞几间房，以便好出租、多出租、多挣钱。至于能不能形成一个共同体，没有人关心这个。由此也见得，所谓“共同体”，很多时候都是社会学家一厢情愿的想法，群众早抛弃了，社会学家还抱着。但是，社会组织能够完全放弃自己的想法吗？不可能。带去这么多资源，怎么会没有自己的想法？于是，“到底要建谁的社区？”就成了一个现实而严峻的问题。

（三）公共治理的效率与公平

更严重的是会造成公共治理的不经济、不均衡、不公平，这主要是就国家的资源投放而言。所谓不经济，是指由于国家投入是免费的，于是很多社区建设项目不惜血本地提高标准用“洪荒之力”去做一件很小的事。一位教授在调研西北某社区提供的居家养老服务之后震惊于其服务水准及成本之高，感慨道：“连儿子伺候老子都达不到那样的水准！”由于国家还远远不够富裕，所以中央对社会福利早就提出了“适度普惠”的原则，但一些社区建设项目却不顾经济条件，远远超出了这个标准。而不顾经济条件的社区建设能够发生和维持，又与公共资源分配的不均衡和不公平有很大关系，即不少部门和官员为了政绩工程而“集中力量办大事”，把资源集中投向一两个社区，将其做成耀眼的“典型”。

国家树立典型的初衷，是为了创造经验，树立示范，让整个社会见贤思齐，从而达到以点带面的效果。然而，在树典型的过程中，一些领导与社区的关系从本应纯洁的同志式关系，变成了假公济私的庇护式关系。即，领导基于政绩考虑，必须力保自己树立的典型不倒，并且更好，于是什么资源、什么优惠政策都往这个社区塞，结果这个社区撑到饱，甚至吃不了，其他社区却嗷嗷待哺，造成社区之间的投入严重不公平。这样，本来想“以点带面”的树典型，结果成了“以点害面”，显然违背了国家树立典型的初衷。

当然，也有的社区确实是因为表现出色而拿到国家资源。但即使是这样，仍然有问题。因为公共治理追求的是全面发展、共同进步，而不是像市场一样服从优胜劣汰法则。作为国家，一个社区再是“烂泥巴糊不上墙”，也不可能放任不管。相反，越是这样的社区，国家越是要想办法提升，而不可能谁干得好，就完全把资源给谁。

由此可见，社区建设有一个复杂的动员和组织过程，并不是“解放视角”所想象的那样，国家一放手，社区就能自动运转起来。

四、总结与思考

社区建设是当前社会治理的一个重要内容和抓手，但长期以来，在社区建设理论和政策中流行一种“解放视角”，即相信社会具有足够强大的自组织能力，只要把社会从国家的控制下解放出来，社区建设也就八九不离十了。这样一种“解放视角”把注意力集中到调整国家与社会的关系上，而对社会，包括社区内部关系的调整和组织却关注甚少。本文揭示了这一观点赖以形成和流行的学术背景及社会背景，进而从集体行动的理论视角来探讨社区建设问题。从集体行动角度来看，社区并不是一个天然具有集体行动能力的主体，与普通的集体行动一样，它面临一个如何通过有效的组织去克服集体行动困境的问题。尤其是在中国社会转型的背景下，这一问题更加突出和严峻。而外部资源的投入固然在一定程度上克服了社区建设过程中的集体行动困境，但也造成了新的问题。

由此引申开去，今后在社区建设理论和政策上，有三个问题值得注意：

一是破与立的关系。现在有一些人，劲头很足，盲目相信“破字当头，立在其中”，倾向于凡是不满意的，先砸了再说。这是一种很糟糕的思维方式。建设恰恰是要“不立不破”，即在没有想到更好的替代办法之前，只能先将就，不管三七二十一先砸了再说，往往收不了场。有人批评说，中国社会曾经有很好的自立自理的传统，恰恰是因为后来国家管得过多，导致社会的自我组织能力严重不足，这种状况不能再继续下去了。是不是存在这个问题，可以讨论，但是群众不关心这个问题。对群众来说，他要的是解决，而不是解释。群众每天都得过日子，而生活不能掉链子。不管目前这个僵局是什么原因造成的，是谁的责任，反正出了问题，你必须解决。因此，盲目崇信不破不立，是很危险的。

二是社区治理与国家治理的关系，要把社区建设与国家治理有机结合起来。现在很多人一讲社区就只注意局部，而忘记了国家这个全局。正如前面所讲的，很多从社区角度来看搞得很好的治理，从国家治理的角度来看却是不经济、不均衡、不公平、不可持续的。

三是当前关于社区建设的研究范式需要从“模式研究”转向“机制研究”。所谓“模式研究”，就是单纯静态地考察社区建设需要哪些要素，这些要素需要组合成一个什么样的结构。而“机制研究”则是强调怎么更有效地组织各种生产要素，以便把社区建设从构想到结果一步一步地实现出来，并且要让结果尽可能地符合初衷，而不能脱离甚至背离初衷。这就要求把社区建设当作一个一环扣一环的过程而不是一个静态的点或面来思考。最难的是怎么一环紧扣一环，中间不掉链子。各种资源如果不能形成一个一环紧扣一环的链条，再多再好也是白搭。现在关于社区建设，许多人都在喊国家放，但很多职能，国家真要放出来，社会承接得住吗？“放得出”与“接得住”怎么衔接，里面还有很多问题需要仔细研究。

徐　勇　华中师范大学中国农村研究院教授、博士生导师。著有《非均衡的中国政治：城市与乡村比较》、《中国农村村民自治》、《乡村治理与中国政治》、《地方政府学》、《中国城市社区自治》（合著）等。

中国社会中的关系与权力

徐　勇

政治属于上层建构领域。但政治是在社会生活土壤上生长出来的。正如有什么样的民众就有什么样的官员一样，有什么样的社会生活土壤就会生长出什么样的政治现象。中国的政治形态是在漫长独特的历史传承、文化传统、经济社会发展的基础上，长期发展、渐进改进、内生性演化的结果。

血缘关系与农业文明是中国传统最基本的底色。在这一底色上形成的私人领域的人际关系在人们日常生活中具有支配性地位，并深刻影响着公共政治领域。公共领域没有与私人领域脱离和分割出来，是中国政治的重要特征之一。借助特殊关系获得特殊权力是一种由来已久且具有普遍性的政治现象。这种权力可以归纳为“关系权”。“关系权”包括两层含义：一是关系即权力，二是权力在关系中。这一概念既是对政治社会现象的概括，也可以作为一种分析工具。

关系权：关系即权力

社会科学是以社会现象为研究对象的科学。社会科学的第一要求是弄清事实。这是19世纪开始社会科学首先以实证科学的方式出现的重要原因。实证科学强调事实依据，为了获得真实的事实，将调查作为主要方法，并在调查中保持价值中立。

从世界范围看，社会科学在中国起步较晚。中国的社会科学是在学习西方的过程中生长发展的，一开始就接受和使用的是西方概念形成的话语体系。

但是，任何知识体系都是有限的。由于历史的因素，在中国学术界长期存在两个遮蔽：一是既有理论遮蔽着丰富的事实，二是上层政治遮蔽了基层社会。只有通过大量调查才能揭开两个遮蔽，在发现事实的基础上建构自己的概念。基于此，2015年，在原有调查基础上，华中师范大学中国农村研究院启动了“深度中国调查”工程，取得了大量第一手资料 .

中国是一个有着悠久农业文明和小农经济传统的国家。在马克思看来，小农犹如一堆互不联系的马铃薯。“小农人数众多，他们的生活条件相同，但是彼此间并没有发生多种多样的关系。”他们“是由一些同名数简单相加形成的，好像一袋马铃薯是由袋中的一个个马铃薯所集成的那样”。

马克思的这段话被认为是刻画小农的经典论断。从生产方式来看，相对于商品经济产生的广泛社会联系而言，马克思的论断无疑是十分深刻的。但是，从我们对传统形态的农村调查来看，实际生活远远比马克思的论断更为丰富和复杂。

通过实地调查，我们发现，在中国，单个的农民虽然以家户为基本单位，但不可能脱离社会而孤立地存在。农民的生产生活都不可能完全独立地完成，由此形成对其他人的广泛的相互依赖关系。在农民的日常生产生活中，“帮忙”是十分常见的现象。无论是生产领域，还是生活领域，处处可见寻求他人“帮忙”的事例。

在日常生活中，找谁帮忙？一般找关系好的人。进一步追问，与谁的关系好？从次序看，有亲人、邻居、熟人、朋友，即日常生活交往最为密切的人。“关系好”是人们日常生活最重要的条件。这种关系是在长期互动中日积月累形成的，具有相当的情感成分，因此又可以称之为人情关系。有了这种关系，人们在日常生活中就可以达成默契一致，产生共同信任和共同行为。在寻求他人帮助时，人们非常自然地会想到与自己关系好的人，而不论是否亲人、邻居、熟人和朋友。

为了使得日常生活延续下去，人们还必须主动与他人“搞好关系”。其中最为重要的是与那些有影响力和支配力的人搞好关系。从我们上一次的村庄调查报告材料看，农民日常生活中使用频率最高的词就是“关系”。包括家庭内各成员间关系、家庭外的各种各样的社会关系。

可以说，离开了各种“关系”，农民的日常生活根本无法进行下去。如果“关系”不好，简直会寸步难行。这与马克思所说的“彼此间并没有发生多种多样的关系”有所不同。只是这种关系主要限于农业村落之内，属于私人间交往的人际关系，而不是马克思所说的因为商品交换而产生的广泛的“社会交往”关系。

在中国的历史进程中，血缘关系与农业文明是最基本的底色。这两者有一个共同特性，就是可延续性。人们依靠血缘关系实现代际延续，依靠农业文明提供的源源不断的生存资料而使得同一血缘的种族人口延续下来。而血缘关系与农业文明又是在村落这一空间中进行的。农民生活在一个个村落之中。血缘关系、地缘关系与生产关系三位一体，共同存续于村落。

从我们的调查看，大量村庄都是以姓氏而命名。还有相当一部分村庄共有一个祖先，所有村落成员都是具有同一血缘传统的人。人们正是依托于各种自然生成和人为建构的关系，而使得生产生活长期延续。

基于血缘关系和农业文明而形成的“关系社会”构成了独特的中国社会底色，并生成了特有的政治。这就是“家国同构”，即私人领域的人际关系成为公共领域的深厚土壤。公共领域的行为依据和来源与私人领域密切相关。私人领域的人际关系与公共领域的社会关系高度重叠。

恩格斯在《家庭、私有制和国家的起源》一文中论述了公共领域的国家起源与私人领域的家庭的来源关系，指出私有制和阶级分化造成了个人与血缘母体的分离。但在中国，尽管存在私有制和阶级分化，社会却始终未割断与血缘母体的脐带联系，血缘母体源源不断地向个体输送各种元素。私人生活领域的人际关系原则深深地渗透至公共领域。因此，中国传统社会特别强调“五伦”：君臣、父子、兄弟、夫妇、朋友。君臣如父子。公共领域与私人领域的关系高度重叠。正是在“关系社会”里孕育出“关系政治”。

政治属于众人之事。处理众人之事，必须借助权力。权力是特殊的影响力和支配力。“关系政治”从本质上看，是通过特殊关系获得特殊权力。这种特殊关系又分两类：一是自然天成的，如父子、乡亲关系；一是人为建构的，即通过人的行为形成的特殊联系，如“拉关系”“找关系”“搞好关系”。那么，人们为什么要“拉”和“找”呢？实际上是为了获得一种特殊的影响力和支配力，也即权力。

因此，“关系”作为人与人、人与事之间的某种性质的联系，在一定意义上可以视为一种权力，是一种因为某种特殊关系而获得的影响力和支配力，有了这种力量，便可以占有居于他人之上的地位和影响。我们可以将此类因为“关系”而获得的权力称之为“关系权”。人们通过特定关系赋予自己以权力。在这里，“关系”是作为一种权力资源使用的。它强调：“关系即权力。”

权力是一种支配力和影响力。从权力来源看，它可以分为以下类型：

一是实体权，或称物质性权力，因为占有某种特殊物质而获得的支配力和影响力。这种权力能够通过实在的东西加以度量。如对土地、资本占有而获得的经济权力，对国家权力占有获得的政治权力，对武装力量占有而获得的军事权力。如马克思所说：“无论如何，财产也是一种权力。例如，经济学家就把资本称为‘支配他人劳动的权力’。可见，在我们面前有两种权力：一种是财产权力，也就是所有者的权力，另一种是政治权力，即国家的权力。”

二是意识权，或称非物质性权力，因为占有某种优势思想而获得的支配力和影响力。这种权力没有具体实在的东西加以度量，更多的是一种隐性的存在。如因为信仰而产生的宗教权，因为思想及其传播形成的话语权。还有一种权力并不是人们直接占有物质或思想，而是借助于某种人与人、人与事的特殊联系获得某种权力，这就是“关系权”。借助某种特殊联系形成的“关系权”，是与以上两类权力完全不同的权力。如“找关系”“拉关系”的人自己并不占有某种权力，而是通过“找”和“拉”关系获得某种权力。因此，“关系权”又体现为一种权力资源。

作为一种特殊权力资源的“关系权”，可以依据不同的关系分为不同的类型：

一是基于血缘关系而产生的“关系权”。如皇亲国戚，便是基于与皇帝的亲戚关系获得的特殊权力。母以子贵，便是基于儿子地位的母亲所获得的特殊权力。

二是基于地缘关系而产生的“关系权”。如经常所见到的“三个公章抵不过一个老乡”。

三是基于人际关系而产生的“关系权”。如“在家靠父母，出门靠朋友”“熟人”“门生”“故旧”等，都是因为个人关系紧密而产生的特殊权力。可以说，人类社会有什么关系，就可以因为某种关系获得某种权力。

“关系权”的特质在于因为某种关系获得权力。而“关系”又可分为两种类型：

一是正式法律明确界定或者为当事人普遍认可的关系，即法定关系。这种关系表现为一种普遍主义。它“独立于行为者与对象在身份上的特殊关系”。直接占有物质和思想能力形成的权力，一般都通过法定关系确定下来，以形成某种制度。

正因为如此，马克思将所有权视为法定的财产关系。由法定关系产生的权力属于“位置权”，拥有某种正式位置就能获得某种权力。如医生可以拥有处方权，其他人则没有；地主拥有的收租权是天经地义的；官员的控制权、支配权是国家法律界定的。

二是非正式法律或者并不具有普遍性的关系，即非法定关系。这种关系体现在具体的人与人、人与事之间，很难用清晰、固定和刚性的制度加以界定。这种关系体现出一种特殊主义。即“凭借与行为之属性的特殊关系而认定对象身上的价值的至上性”。只有某个特定的人才拥有这种特定的关系。正因为如此，那些本来不直接占有某种“位置”的人，可以利用与某一位置的特殊关系获得超越一般人的特殊权力。如日常生活中所见到“拉关系”“找关系”都属于此类。

“关系权”作为一种基于特殊主义关系的权力类型，有一个时空变迁过程。在长期的中国历史中，由于血缘关系和农耕文明底色，人们的社会关系较为狭隘，主要是“五伦”人际关系。这种关系不是抽象的普遍主义关系，而是非常具体和特定的特殊主义关系，相关人之间具有紧密的连带性。

在这种关系格局下，非常容易产生“关系权”。人们可以凭借或者借助特殊关系获得特殊权力。如“母凭子贵”“臣代君命”“一损俱损、一荣俱荣”等。这种“贵”“命”“损”“荣”便是“关系权”的体现。进入现代社会之后，尽管人们的社会关系领域扩大了，但特殊主义关系仍然发挥着重要作用，“拉关系”“找关系”成为人们日常生活的经常性行为。

而在西方，由于商业文明造成的异质社会，实行普遍主义的法理统治，大量的权力由明文明确规定且加以固化。如“自由人”与“奴隶”属于两个不同的阶级，且阶级身份明确和固化。自由民所共有的公共领域与每个人特有的私人领域泾渭分明。私有制和阶级分化割断了人与血缘母体的联系。

特别是进入近代城市市民社会之后，资产阶级民主革命的重要结果是造成了私人领域与公共领域的彻底分离，公共领域依据公共约定的规则运行，排除和防止私人领域中人际关系对公共领域的支配和影响。人们要获得某种权力资源只有依靠公共领域的制度约定而不是特殊关系。

正因为如此，西方对中国司空见惯的中国式“关系”无法理解，只能用汉语“Guanxi”加以表达。由这一汉语“关系”产生的“关系权”，是中国历史存续下来的一种社会现象。正是在这一背景下，西方长期以来没有产生和使用“关系权”的概念。

中国是由农业社会直接过渡到现代社会的。虽然经过了近代以来的一系列革命，但数千年的历史传统并不是很快能够改变的，特别是传统社会土壤仍然存在，并无时无刻地影响和制约人们的日常生活，人们会自觉不自觉地将私人领域的人际关系带入公共领域生活之中，利用特殊关系获得特殊权力。由此很容易导致公共权力私人化。

如日常生活经常可见的“拉关系，走后门”“搞好关系”“打官司就是打关系”“特定关系人”等。2017年播放并收视率奇高的电视剧《人民的名义》，展现了大量借用各种关系获得政治资源的现象。“关系权”正是对这一类政治社会现象的概括。

需要注意的是，“关系权”并非只是历史延续的“负资产”。

首先，从中国历史看，特殊的“关系”不仅意味着权力和利益的连带性，而且意味着责任的连带性，实行权责对等原则。即借助和凭借特殊关系获得权力，同时也会因为特殊关系承担责任。

其次，从更广泛意义看，特殊主义的“关系权”也并非中国独有，更非传统时代才有，只是程度不一而已。

再次，对“关系权”要进行分析。从社会进步的角度看，需要将私人领域的人际关系与公共领域的权力运行剥离开来，但并不能因此否定人际关系的必要性和重要性。如不仅是农民家户，即使是现代企业也注意营造良好的人际关系，通过这种关系获得强于他者的特殊影响力和支配力。“关系权”因此具有正向功能。在这方面，日本的企业表现突出。

最后，特殊主义与普遍主义不是绝对对立的，也可以将特殊主义关系融入普遍主义关系，形成具有普遍意义的“关系权”。如建设新型的大国关系，相关大国可以获得强于个别国家的特殊影响力和支配力。特别是在社会关系愈益丰富的当今世界，搞好关系成为共同准则。如“睦邻友好”，便是由传统的特殊主义的相邻人居关系演化和扩展为一种普遍主义的国与国的交往准则。

因此，从权力资源看，“关系权”可以提升为一个具有普遍性的概念，有其普遍主义价值。

关系权：权力在关系中

“关系权”是对由关系产生权力的普遍性现象的概括，是权力的一种类型，犹如“话语权”。这一概念是对相关事实的概括，同时，它更可以作为一种分析工具，运用到对权力的分析中。作为分析工具的“关系权”，它强调“权力在关系中”。

在汉语体系中，“关系”是一个多义词。除了因为特殊关系获得权力资源的意思外，还指事物之间的联系和作用（Relationship）。这里所说的“关系”是一个超越时空的普遍性概念。在马克思看来，人是社会关系的总和。而各种社会关系内生着权力。权力本身就是客体与主体之间的支配与被支配的关系。

也就是说，只有从关系中才能深刻地理解权力的存在和作用。无关系便无权力。权力发生并存续于关系相关人之中。马克斯·韦伯就是从关系的角度界定权力的，他认为：“权力意味着在一定社会关系里哪怕是遇到反对也能贯彻自己意志的任何机会，不管这种机会是建立在什么基础之上。”

“关系权”作为一种分析工具，首先要明确关系相关者，其次要明确相关人出于什么理由产生相互联系，再次要明确相关人结成的关系内生着何种权力，最后要明确在权力运行中相关者的互动作用。

“关系权”作为分析工具，非常强调权力在特定的关系中构成，强调权力一旦构成便是一个动态的、相互影响的运行过程。从这一意义看，福柯关于权力的论述相当有启示意义。

在他看来，“首先可以确定，权力不是被赠予、交换和补偿的，而是被运用，它只在行动中存在。”“从其本身来看，它主要是一种力量关系。”它的支配效应不应被归之于“占有”，而应归因于调度、计谋、策略、技术、运作；人们应该从中破译出一个永远处于紧张状态和活动之中的关系网络，而不是读解出人们可能拥有的特权。权力存在于有差异的关系之中。

福柯完全否定对权力的占有是片面的，但他将权力视之为动态过程，将其置于关系网络中考察的思想，对于我们将“关系权”作为一种分析工具来认识是有参考价值的。

将“关系权”作为一种分析工具，有助于我们对于大量社会现象事实进行理论分析和概括。血缘关系与农业文明是中国的基本底色，共同特征是继替性和延续性。在血缘关系中，父亲和儿子是两个行为主体，并产生父子关系。父亲和儿子是父子关系的相关者。父亲和儿子是由于血缘继替关系相互联系的。这种血缘关系内生出父亲权力。父亲可以支配儿子，反之则不可。

但是，父亲的支配权并不意味着可以为所欲为，他必须履行父亲责任，才能够获得儿子的尊重。即使是同一血缘关系也可以因为行为主体不同而产生不同的“关系权”。如父子关系意味着儿子对财产的继承权，父女关系则意味着女儿没有财产继承权，因为规则是“诸子均分”。当然，在实行“长子继承制”的地方，即使同样是儿子也不可能自动获得对财产的继承权。

经济关系也是如此。地主和农民是两个不同的行为主体，并因为农民向地主租地而形成租佃关系。在这种关系中，地主因为有地，是地的主人而获得收取租金的权力。但是，地主并不能因为是地的主人可以为所欲为，农民并不只是被动的服从者。农民在交纳租金的同时，也会取得独立经营权甚至长期的经营权，也会因为天灾而要求减少租金。

即使是非常私人化的关系也可以运用“关系权”加以分析。“找关系”“拉关系”是非常私人化的行为。但由这种私人关系产生的“关系权”也是一个动态的过程。“找者”和“被找者”是“找关系”中的两个行为主体。“被找者”因为特殊的地位而成为“找者”的对象，并获得特殊的影响力。“找者”为此要支付某种代价。当然，如果“被找者”并不能满足“找者”的要求，“找者”不再“找”，相互关系也就不再成立。

由此可见，作为分析工具的“关系权”是一个动态过程，体现着一种行为规则。这种规则可能是制度，可能是习惯，还可能是利益。作为一种权力资源的“位置权”不是无缘无故而生成的，它体现着某种规则。如凡是儿子都可以获得财产继承权，便体现着“诸子均分”原则；只有长子才能获得财产继承权，则体现着“长子继承”原则。当然，制度也是可以变动的。一旦制度变动，关系就会发生变化，甚至不复存在。如取消土地自由出租制度，也意味着租佃关系不再存在。

将“关系权”作为分析工具，还要注意到关系的多层次性和各种关系的叠加性，并由此带来作为权力运行的复杂性。

一般来讲，人类社会所结成的关系起源于最原初和本始的关系。但是，这种原初的本始的关系还会扩展、衍生、派生出其他关系，并因为这种关系而获得其他的关系领域的权力。

租佃关系是一种经济关系，产生的是一种经济权力。这种权力仅仅限于经济领域。地主只是地的主人，而不是租佃者人身的主人。这种经济权力是因为租佃关系产生的原初的本始的关系。而这种原初的本始的经济关系还可能扩展、衍生、派生到其他关系领域，并获得其他领域的权力。

如地主在租佃关系中居于支配地位，在社会关系中会获得较高的社会地位和社会威望，在文化关系中成为有话语权的人，在政治关系中成为能够影响治理过程的人，因此，地主与“士绅”联为一体。在租佃关系中，地主无疑居于主导地位，其经济权力会溢出经济领域，成为主导者。我们的调查发现，在传统社会，被称为“老爷”“大老爷”的人，其影响力和支配力最强，其地位甚至高于保长，重要原因就是多种关系领域的权力集于一身。

但是，任何权力都有其特定的“关系领域”，并依照关系特性运行，由此会造成不同关系领域的权力相关方的互动。如政治关系是因为政治权力配置而形成的。政治权力是一种超越社会之上的强制力量。由政治关系产生的政治权力经常会影响或者支配经济关系产生的经济权力。

如马克思所说：“‘权力也统治着财产。’这就是说：财产的手中并没有政治权力，甚至政治权力还通过如任意征税、没收、特权、官僚制度加于工商业的干扰等等办法来捉弄财产。”财产关系只产生“财产权”而无其他权力。其他关系中的权力构成对财产关系中“财产权”的影响。

在租佃关系中，地主占据主导地位，其权力有可能扩展到其他领域。但其他领域的“关系权”也有可能反制地主。地主的生命生活活动得依赖村落社会，如婚丧嫁娶活动。由这类活动形成的社会关系产生的社会权力，也会限制地主为所欲为、任意扩大自己的经济权力。否则，地主家的婚丧嫁娶活动可能无人“捧场”。

这正是那些在村落生活的地主必须通过做“善事”获得社会认可，而不在村落生活的地主则缺乏善举的重要原因。我们的调查发现，有些村落的“土地主”甚至害怕农民，原因在于生活在乡村的“土地主”人数少，国家政权保护鞭长莫及，因此害怕人数众多的农民的冷落甚至攻击。

将“关系权”作为分析工具，还可以帮助我们认识，“权力在关系中”是一个历史演变过程。马克思在论述个人生产的社会性时指出：“我们越往前追溯历史，个人，从而也是进行生产的个人，就越表现为不独立，从属于一个较大的整体。”历史越往前追溯，整体性愈强，人的社会关系愈简单，权力的互动性愈弱，权力更多表现为单向的支配权。历史越往前发展，个体性愈强，人的社会关系愈丰富，权力的互动性愈强，权力更多表现为互相影响的过程。

如在前资本主义时代的西欧，人与人的关系表现为人身依附关系，领主不仅领有地，也领有人。领主与农奴主要是单向的支配关系。而在中国，实行的是地主经济，地主只是占有地，不占有人，地主只有收取租金的权力而没有支配佃农人身的权力。地主与佃农的权力关系开始具有一定的互动性。资本主义时代的重要特征是个人人身的独立，劳动者有了更多与资本互动的可能。

而在信息时代，话语霸权则难以形成，话语权必须在互动关系中运行。所以19世纪及其之前，包括马克思在内的学者更多从单向的支配权的角度定义权力，随后韦伯开始将关系引入对权力的考察，而福柯更强调权力的互动过程，强调对权力的反抗。只是韦伯和福柯都没有意识到，他们的认识恰恰是马克思所说的人类由整体性走向个体性的历史逻辑结果。

总之，“关系权”的核心思想有二：关系即权力；权力在关系中。前者是对由关系产生权力的现象的一种概括，后者是从关系的角度认识权力的一种分析工具。

张　弥　中央党校科学社会主义教研部教授，博士，从事城市经济学研究。著有《项目融资与资本市场》、《发展经济学》、《清产核资实务》和《会计学原理》等。

城镇化发展与社区管理体制创新

张　弥

习近平总书记在不同场合强调指出，社区虽小，但连着千家万户，做好社区工作十分重要；社区管理涉及方方面面，都要照顾到；社会治理的重心必须落到城乡社区，社区服务和管理能力强了，社会治理的基础就实了。基层治理能力是国家治理能力的重要内容，提升基层治理能力是推进国家治理体系和治理能力现代化的必然要求。社区是现代社会的基本单元，是促进社会融合、丰富精神生活、实现人的社会化的基本场所，同时也是产生社会矛盾的“源头”、加强基层治理的“茬口”。在工业化城镇化发展的新阶段，创新社区管理体制，对加强基层治理、完善国家治理体系和提高治理能力、促进社会和谐稳定来说，具有十分重要的理论价值和现实意义。

第一，社区 (Community) 一词源于拉丁语，其本义是指共同性的群体和亲密伙伴关系。在现代社会，社会学家通常认为社区是现代社会的细胞，是实现人的社会化和社会整合的基本场所，是由一定数量的价值观念一致、关系亲密、出入相友、守望相助的人群组成的人文集聚区。社区管理，是指在一定的社会环境下，如社区组织与社区居民、驻区单位等，为维护社区整体利益、推进社区全方位发展，采取一定的方式，对社区的各项事务进行有效调控的过程。社区管理体制是指社区管理的组织体系和运行模式，也就是社区管理由哪些主体参加，各主体之间的职责如何划分，社区管理的具体决策如何做出，以及社区管理权力如何运行及制约等等。因为历史文化传统、社会经济结构、政治行政体制等的不同，不同国家和地区的社区管理体制有着较大差别。比如，我国相比较欧美国家，社区管理体制最突出的特点是坚持党的领导，注重发挥基层党组织的领导核心作用。

在发达国家，社区最初的出现主要是为了应对伴随工业化发展带来的一系列社会问题，利用社区的人力、物力等民间资源，发挥社区成员的自助和互助力量，尽可能为社区成员创造良好的生活条件，实质上是对工业化城市化之前的大家庭的替代，以满足人的社会属性。19 世纪后半期，欧美国家启动了以应对工业化、城市化快速发展带来的社会问题为导向、以社区睦邻运动为主题的社区发展，至今已有一百多年历史了。第二次世界大战后，为解决经济社会发展中的突出问题，夯实社会和谐稳定的基础，联合国倡导并推动社区发展运动。1948 年，联合国提出了同步推进落后国家和地区经济发展与社会发展的方针，并且开展了一些援助。1951 年，联合国正式倡议“社区发展运动”，1952 年成立“社区组织与社区发展小组”，1954 年对小组进行了改组，成立联合国社会事务局社区发展组，具体负责在全球范围内推动社区发展工作。之后，联合国逐步把社区发展工作从落后农村扩展到工业化城市化带来各种问题的城市社区，并从发展中国家扩展到发达国家。社区发展工作的不断推进，使得世界各地更加重视社区管理工作，深化了对社区管理的研究，促进了社区管理体制的改革创新。

从 20 世纪 80 年代开始，伴随城市化的新发展和公民自主意识的增强，发达国家政府一方面把更多权力赋予社区，让社区公民在更大程度上参与社区事务，逐步实行了所谓的参与式多元化治理；另一方面，政府改进了对社区的服务管理，在规划引导、经费支持、资源倾斜等方面加大了对社区发展的支持。综合起来看，可以把当前发达国家的社区管理大致划分为三种模式：一是政府主导型。比较典型的如英国、新加坡等国家，突出特点是政府对社区事务的干预比较直接、强势，比如通过制定实施社区管理政策，建立政府统一管理的延伸到社区的公共服务系统，承担社区服务的主要费用并进行监管等方式，广泛介入基层居民社会生活中。近些年来，英国越来越重视社会力量、民间力量等参与社区事务和服务。比如，布莱尔执政后，很重视第三部门的发展，1998 年政府与第三部门签署了 COM-PACT 协议（英格兰与威尔士地区政府与志愿及社区部门关系协定），保证第三部门在保持独立的基础上与政府开展积极的互动。尽管如此，英国还是通过政府购买、低息贷款、税收减免等经济手段以及加强规划、制定标准等方式加强管理监督，政府主导型的特点十分明显。二是自治型。比较典型的如美国、加拿大等国家，突出特点是政府的职能主要限于政策引导、经费支持以及必要的监督，社区里没有实质性的政府派出机构，社区服务管理事务主要由社区居民及社区自治组织机构进行民主自治，并不断开发利用社会民间的各种服务资源，以满足社区居民的多样化需求。从美国的情况看，社区中的各项烦琐复杂的服务和管理，主要由非营利组织承担，政府只提供必要的制度政策保障，政府与社会、市场的职责边界比较清晰，社区居民的自主自治意识普遍比较强。三是介于政府主导型与自治型之间的混合型。比较典型的如日本、以色列等国家，突出特点是政府治理与社区自治紧密结合，政府职能的发挥与社区居民、社区自治组织作用的发挥紧密结合。这里以日本的情况为例进行说明。从政府治理来看，日本的地方政府设立了“社区建设委员会”等机构，对社区事务实施规划、指导、经费支持等间接管理，同时政府派员参加社区内的“町内会、住区自治会、住区协议会”等居民自治组织。从社区自治来看，社区自治组织完全是民间组织，法律明确要求不能为特定政党所利用，在不违反法律和政策的前提下，享有较大的自主和自治权力，社区居民对社区的认同感和归宿感比较强，参与社区事务的积极性也比较高。

在我国，“社区”一词虽然早在20世纪30年代就由著名社会学家费孝通先生翻译引入，但在很长一段时间里，由于实行了传统的社会主义计划经济管理体制，现代意义上的社区并没有多少实践基础。当时，一方面，在城市建立了以“单位制”为主、“街居制”为辅的基层社会管理体制；另一方面，在农村建立了以集体经济所有制为基础的乡村社会管理体制。这种计划经济体制下的城乡分割的基层社会管理体制，既阻碍了城镇化的历史进程，也使得社区的建设管理意义不大。随着改革开放政策的实施，社区首先是“单位制”被打破、“单位人”向“社会人”转变后对“社会人”的承接。与此同时，改革后各地逐步放开了对区域城乡人口流动的限制，社区事实上也成了流动人口的生活居所。与此相适应，20世纪八九十年代以来，我国社会各界对社区及有关问题的重视程度不断增加，诸如“社区服务”“社区建设”“社区居民委员会”“社区管理”等新词汇不断涌现。

进入新世纪后，随着前一阶段改革的逐步到位社区成为基层社会管理的基本单元后，由城镇化加快推进和社会文明进步对社区管理带来的挑战不断凸显出来。在这一时期，社区不仅是广大离开农村、在各大中小城市工作生活的群体的重要归宿；而且还是基层依靠社区力量、利用社区资源、解决社区问题、发展社区事业、改善社区环境、提高社区成员生活质量的重要依托。为适应形势发展的需要，全国各地不断掀起社区建设热潮，积极探索特色鲜明的社区管理体制。比如，上海推行的强调依靠行政力量的管理体制，注重发挥政府特别是街道一级在社区建设中的主导作用，同时把社区管理纳入行政组织的基层网络，并与市、区、街道相互承接形成城市管理的“四级网络”。又如，沈阳推行的强调居民自治的管理体制，一方面把政府有关社区管理的职责移交给社区，另一方面以规范的法律和制度规范社区管理运行，尽可能地让社区居民和社区组织在社区管理中发挥积极作用。

第二，改革开放以来我国各地因地制宜改革创新的社区管理体制，在适应地方发展的同时，也面临着一些需要引起重视的突出短板和问题。尤其是随着近年来城镇化的加快推进，城乡社会空间结构急剧变化，城乡及区域人口流动更加频繁，各地社区人员构成日趋复杂多元，各类社会矛盾和风险在社区不断聚集，创新体制机制、加强社区管理面临着前所未有的挑战。

一是政府治理与居民自治的关系不顺，社区责任过大负担过重。由于社区管理具有明显的区域性和综合性，又是一项全新的社会事业，政府与市场、社会以及居民的职责交叉、界限不清，社区事务杂、负担重、压力大，社区居委会的自治性还没有充分暴露出来，承担过多的行政性和社会性事务。社区如今几乎成了一个“全能组织”，党政军、工青妇样样具备，既要协助政府部门从事行政管理，又要组织各类党务和群团组织活动，还要协助各种非营利组织如红十字会、慈善总会等从事公益服务，甚至还要为一些营利性组织进行事前审核证明。与此同时，社区在承担诸如社会治安、绿化美化、计划生育、市容环卫、养老服务等方面工作时，要么没有相应的执法权，要么缺乏相应的配套资金，往往导致社区在落实工作时力不从心，很多任务实际上只是挂在墙上、留在文件中，客观上甚至出现了“工作布置给社区就是落实，工作检查到社区就是看台账”等问题。

二是社区中本地居民与外来居民融合不够，社区发展的包容性有待增强。社区本地居民并没有完全接纳外来居民，外来居民与本地居民交往过程中缺乏情感上的交流，缺乏深入交往的支撑点。社区外来居民则以同乡群体为基础，组成了自己在城市中的社会网络，以获取经济上和精神上的支持，强化生存的社会环境，但这也同时保存延续了外来居民身上所具有的传统观念，阻碍着其对城市的认同。政府虽然采取了不少措施来促进外来居民与本地居民之间的社会融合，但户籍制度和由户籍制衍生出来的其他一系列制度，如教育制度、保障制度、医疗制度等，仍然使外来居民的实际地位和社会保障福利待遇都还无法与本地居民相提并论，外来居民还普遍不把自己视为当地社区的一员，仍然以“外人”自居。外来居民与本地居民隔膜重重，容易滋生社会问题和矛盾。

三是社区所辖各单位和居民群众参与社区治理不够，社区治理合力尚未形成。从目前各地的情况看，社区管理建设主要依靠政府及社区工作者，在社区的各单位和广大居民群众参与程度较低，参与热情不高。从发达国家的经验看，社区所辖各单位和组织作为社区的重要成员，都较为积极地参与社区管理。我国很多地方的辖区单位参与社区管理的意识较弱，也缺少约束保证机制，社区管理资源难以实现整合与共享。居民参与社区管理的积极性、主动性不够高，没有实现普遍参与，除一部分对社区依赖性较强的弱势群体和困难群体外，不少居民认为社区工作仅仅是街道、居委会的事，与己无关，社区居民中的大多数中青年很少参与社区事务。

四是社区管理方式手段创新不够，社区管理法治化水平有待提高。当前，我国社区管理与依法治国的目标要求相比还有较大差距，对现代的法治手段运用得不够，法治化整体水平不够高。比如，有的基层干部工作上仍然倾向于老办法、老经验、老套路，一些民主法治制度在实施过程中存在群众知晓率不高、执行打折扣、落实不到位等情况。又如，对基层权力的运行缺乏有效监管，基层特别是农村社区权力清单、阳光公开等机制刚性执行不够，也缺乏相应的制度保障。再如，对社区的法律服务方式较单一，服务领域相对狭窄，服务内容不够贴近群众生活，特别是欠发达地区法律服务、法律援助向社区延伸更加不够，难以满足社区居民对法律服务的需求。此外，在信息社会、互联网等的快速发展中，社区管理如何有效利用现代科技手段，不断提高管理绩效，也是摆在我们面前的突出问题。

五是农村社区建设管理抓得不够，社区管理亦需城乡统筹。农村社区建设是统筹城乡发展和社会主义新农村建设的重要内容。在多年来实行的农村集体经济组织管理模式下，农村产权制度模糊、产权主体不明确而又经常发生集体经济经营行为，所以农村社区管理过程中往往涉及许多经济问题和深层次利益问题，管理难度比较多，问题也多发易发。同时，这些年来随着城乡统筹发展的不断推进，城乡人口双向流动量大频率高，既存在因人员流出而导致的农村治理人才匮乏问题，也存在人员流入后利益表达缺乏有效渠道的问题。如何健全农村民主管理制度特别是村党组织领导的充满活力的村民自治机制，在巩固村民自治的基础上发展社区自治，开辟基层社会自治的新渠道，激发农村各类人员的活力，共同投身农村社区的管理服务，不断推动传统村落向现代社区、农民向市民转变，是当前我国创新社区管理体制、加强社区管理面临的突出难题。

第三，党的十八届三中、四中全会强调创新社会治理体制，要坚持系统治理、依法治理、综合治理、源头治理，既加强党委领导、发挥政府主导作用，又鼓励和支持社会各方面参与，实现政府治理和社会自我调节、居民自治良性互动。根据这些精神和要求，结合国内外社区管理理论和实践，笔者就构建适应我国城镇化发展的社区管理体制，提出以下几点建议。

一是充分发挥社区党组织的领导核心作用。西方国家所倡导的社会治理强调的是多元主体地位无差异地共同参与治理，主要是指市场——政府——非政府组织三权并立。与西方国家的治理体制有着本质区别，我国在创新社区管理体制时，首要的是坚持党的领导。在创新社区管理体制中，必须切实推进社区党的建设，健全社区党组织体系，加强和巩固社区党组织在社区居委会、业主委员会、社区服务机构等社区组织中的领导核心地位，充分发挥社区党组织在社区管理中的统揽全局、协调各方，推动发展、服务群众，凝聚人心、促进和谐的重要作用。积极创新社区党组织的活动方式，发挥社区在职党员和流动党员的先锋模范作用，不断把社区范围内的各方面力量和各种资源组织利用起来。

二是运用法治思维和法治方式创新社区管理体制。法治是调节社会利益关系的基本方式，是现代国家加强社会治理的基本准则和手段。党的十八届四中全会强调推进法治社会建设，并对深化包括社区在内的基层依法治理提出了明确要求。从实际情况看，目前全社会的法治意识、法治思维都还没有较好地树立起来，更谈不上以法治方式处理具体问题。因此，促进社区依法治理、提高社区管理的法治化水平是当务之急。主要有两个方面：一方面，进一步理顺政府与社区的关系，明确界定各自的职责，对社区居委会与政府职能部门、街道的职责进行全面清理细划，将一些政府管不了也管不好的社会公益性事业，交给社区去办；对涉及行政执法、管理的工作由政府全面负责；对一些需要社区协调、配合的工作，政府在做好相关业务指导的基础上，按照“费随事转”原则，将相关工作经费拨付到位，做到责权统一。另一方面，修订社区公约、团体章程等社会规范，并针对我国各级各部门出台的涉及基层社区的法律规定既多又复杂的问题，梳理汇总便于社区居民遵守操作的条文规定，让他们清楚“该干什么，不该干什么”。

三是在提高自治水平中激发社会各方面参与活力。服务群众、依靠群众是社区管理的出发点、落脚点和着力点。社区管理的最终行动主体是所在社区的居民和单位，创新社区管理体制的关键是激发社区居民及辖区单位参与社区管理的积极性、主动性、创造性，使得社区管理能够凝聚社区居民和辖区单位的能力和智慧，真正做到共建共享。居民委员会是居民自我管理、自我教育、自我服务的基层群众自治性组织，是政府与居民之间的桥梁，是我国特有的社会基层组织。应进一步健全社区党组织领导下的充满活力的社区群众性自治制度，支持和指导社区居民委员会依法履行自治职能，健全社区居民代表会议制度、议事协商制度、居务公开制度等制度，完善民主选举、民主决策、民主管理、民主监督。适应城镇化进程的要求，切实解决外来居民参与社区居民自治的新途径。适应市场经济和政府职能转变需要，积极培育发展民间自治组织，支持其参与社区管理。

四是把加强社区服务作为创新社区管理的重点加以推进。社区服务除了具有福利性和社会性之外，还具有区域性、群众性、综合性等特点，是随着经济发展和社会进步不断丰富的。紧紧围绕服务社区居民这个根本，完善社区服务功能，拓展社区服务范围，灵活采取政府购买服务、购买岗位和项目管理等方式，大力发展社区服务中心、服务站、服务网点，为居民提供劳动就业、社会保障、医疗保健、计划生育、幼儿托管、养老助残以及政策、法律、科技咨询等全方位的服务，满足社区居民日益增长的生产生活和精神文化需求。加强社区服务人才队伍建设，充分发挥社区工作者专业化和职业化的主导作用，又高度重视社区志愿者队伍建设，尽可能多地动员各方面人员和力量。

五是注重培养社区居民的文化素养和道德水准。社区在现代社会中日益成为重要的生活共同体，这就要求社区成员有共同的价值观念和文化认同。当前，各地社区人员构成复杂，彼此之间文化差别比较大，更应在创新管理中重视以文化人，培育共同的价值理念，便于在社区层面实现社会融合。把社会主义核心价值观与居民日常生活紧密联系起来，注重在落细落小落实上下功夫，把抽象的概念、崇高的追求变成人们实实在在的行动。采取社会捐助、群众自助、共建帮助等多种渠道，充分利用社区各类文化设施，引导辖区单位对居民开放服务设施和活动场所，广泛开展健康向上、丰富多彩、群众喜闻乐见的社区文体活动，满足居民日益增长的精神文化生活需求。

蒋京议　中共吉林省委党校（省行政学院）研究员、硕士生导师。研究方向：经济转型与政治创新。著有《创新经济制度的政治学分析框架》《执政能力与政治建设研究》等。

国家与社会二元架构中的管理范式

蒋京议

在当代中国社会转型的进程中，由于国家的政治与经济职能开始得到有效分离，因而过去那种单元板结的同质性社会也随之解体，而在具有现代特征的国家与社会并列的二元架构中，它既有私人领域中的利益和自由的主张与诉求，又有公共领域中的关怀和秩序的期望与认同。由此，分别涉足于公私两个领域的公共管理与工商管理，已经成为这个架构中的基本管理范式。然而，全面正确地分析和认识它们之间的差异，对于科学界定各自的管理范围，防止公域和私域管理的主客体错位，进而正确把握各自管理的实施途径，维护社会管理与经济管理的运行秩序，不断完善公法与私法的制度安排，促进经济社会的全面协调发展都具有极其重要的意义。

所涉领域的差异决定着两种管理的范围界定

学界一般将社会管理分为三个领域或部门，一是公共管理部门，也就是政府组织；二是私人领域，主要是竞争性的工商企业；三是介于两者之间的“第三部门”，即非政府公共组织，主要包括事业单位、社会团体和社会中介组织等。第一和第三部门研究和解决的是公共领域的管理问题，亦即向社会提供公共产品和公共服务。公共服务具有“社会共享性”，它所影响的不是单个的个人或团体的利益，而是与社会中绝大多数甚至是所有人的利益密切相关，并产生普遍社会影响的公共事务，因而公共问题被界定为超越了“私域”而具有广泛影响的社会问题；公共产品具有“非竞争性”和“非排他性”，人们之所以要将某种产品称之为公共产品，不仅是因为它由大多数或所有社会成员进行消费，而且还因为这些产品无需消费者直接地用等量的货币进行支付。

然而在市场经济条件下，按照经济人理性原则，没有直接经济收益的产品，对于一般经济主体来讲是不愿意提供的。所以，这种人人需要而人人都不愿供给的问题只有依靠政府的力量才能得以解决。当然，政府组织并非是公共管理的唯一主体，因为政府这只“看得见的手”并不能全部覆盖社会管理领域，非政府公共组织已经成为公共管理不可或缺的重要主体，它将为解决市场失灵和政府失灵所遗漏的大量社会公共事务发挥重要的作用。

与公共管理不同，工商管理的对象是私人领域或部门，它是对营利性经济组织的管理。由于工商企业为社会提供的产品一般属于私人产品，因此它具有与公共产品相反的特征，即产品的“可分性”和“排他性”，亦即私人物品可以在消费者之间进行分割或独享，能够分别按市场竞争价格卖给不同的消费者，而且一般不会对他们产生外部效应，所以私人物品的供应完全可以通过市场机制而得到解决，而无须依靠非营利性的政府组织和非政府公共组织。由此可以表明，公共管理与工商管理所涉及的是“公”与“私”两个完全不同的领域，如果说前者是对社会公共事务的管理和服务，那么后者主要是工商企业的经营管理，其管理目的是要在竞争性生产过程中，最大限度地实现各种经济资源和生产要素的最优配置，以获取最大的经济效益。

掌握资源的差异决定着两种管理的基本权能

在公共管理活动中，管理的主体是居于国家权力中心的政府，它掌握的资源是一种公共资源，主要包括公共权力以及财政资源和自然资源。公共权力是公共管理主体在管理社会公共事务中所享有的合法资格和相应的强制力与约束力。在民主政治架构下，公共权力的强制性，并不意味着公共管理主体可以随心所欲地支配公共管理的客体，而应在一定的价值合理性范围之内，通过强制力来保障社会规范的效力，以维护社会的公共利益。从这个意义上讲，强制性公共权力的价值，在于有效限制那些非合作的反社会行为，并保持对全社会成员所具有的普遍约束力。

同时政府还掌握着人、财、物的权力，其中最重要的是对财源的控制。政府的财政在本质上是一种公共财政，因为其来源是对纳税人的税收，因而在政府实施社会公共事务的管理中，“取之于民用之于民”必须成为一项不容违背的重要原则；掌握和保护自然资源是现代政府的重要职能，目前经济与社会、人与自然的不协调性在一定程度上影响了社会稳定和可持续发展，由于这些都是市场失灵的领域，因此政府要进一步强化这方面的管理职能，保障经济、社会、资源环境的协调发展。必须指出的是，资源环境问题不仅与国家利益与安全息息相关，而且往往会超越国界，影响一个地区甚至是全人类的生活。

与公共管理不同，工商管理掌握的权力是一种非公共权力，根源在于它掌握和运用的资源是非公共资源，它不是来源于政府的财政拨款，而主要来自于自身投资的回报，即企业获得的利润。由此可以表明，企业生存的依据是顾客购买企业生产的物品或提供的服务。目前学界一般将非公共权力指称为“私权力”，工商管理中的“私权力”除了来源于任何经济组织所具有的约束力外，最主要的是来源于产权。因为，市场经济是以交易为基本纽带的经济形态，而交易是以物品产权的不同归属为前提的，而只有当财产所有权得到了切实的保护和运用，处于市场经济中的经济主体才有资格承担各种责任。人们已经普遍认识到，资本的逐利性使其总是向高回报和相对安全的地方转移，因此在经济全球化的条件下，一国经济的发展，在很大程度上已经不完全取决于它拥有多少资源和资本，而是取决于它能够吸引多少资源和资本，从这个意义上讲，对于私人和企业的产权保护，已经成为私域管理中的一项极其重要的内容。

价值目标的差异决定着两种管理的实施方向

公共管理是为维护社会成员的共同利益，提高社会公众的生活质量，促进社会整体协调发展而进行控制和调节的活动过程，因此公共管理必须把社会公平和社会公正置于十分重要的位置，把有效增进公共利益和促进社会福利的最大化作为自己追求的价值目标。尽管公共权力有被异化的可能，亦即公共权力被非公共运用，但是由于公共管理是具有法治管理的本质特征，因而使得这种管理必须服从和受制于社会整体发展的需要，据此政府官员必须扮演“公益人”的社会角色。但从理性原则出发，政府官员天然地具有“经济人”的特征，从公共权力运用的要求出发，这种深层次矛盾必须在制度约束下得到有效克服。在现代社会，政府统治职能的弱化和社会服务功能的增强，以及公共管理要以增进和维护公共利益为价值取向等，都普遍为学界所认同，并且已经成为各国政府及其官员在公共管理实践中的重要方向和指南。

与公共管理不同，工商管理的主体是“经济人”“自利人”。虽然工商企业为社会提供了公众所需的产品，并且向国家交纳了税赋，创造了有益于整个社会发展的价值，但就其基本动机而言，它所追求的价值目标是自己企业利润和收益的最大化。因此，工商管理的核心是效率和效益，亦即以一定的投入获取最大的产出，其本质是追求私人利益的最大化，此种分析充分表明，“经济人”追求个人经济利益的最大化同时具备了社会性和合法化的双重特征。在中国，代表社会整体利益的现实政府一贯强调把维护公共利益与鼓励市场主体追求自身利益最大化的努力相结合，其两者关系是统一的，并不存在矛盾和冲突。

运行方式的差异决定着两种管理的遵循规则

公共管理是政府对社会的公共事务所实施的管理，因此这种管理的运行机制，在本质上就是公共权力的运行机制，它的基本依据是国家的法律，由此决定了公共管理是一种法制化的管理，它只能在法制的轨道上运行。公共管理的法制化主要表现为法律化、规范化、程序化上。法律化就是要求在实施公共管理中，一方面把公共事务的内容纳入法律之中，明确其作用的范围和程序。另一方面要对公共管理的过程以及管理主体的权限作出明确的规定，即依法行政。规范化就是要求公共管理机构必须依据公共管理的总体目标和具体要求，提出和确定具有系统性、协调性和超前性的社会公共事务的发展标准和指标。程序化就是要求在公共管理中，按照法律法规所规定的行政程序，对公共管理的内容作出科学合理的安排，以保证公共管理的合法性、公正性和有序性。所有这些都是实现公共管理法制化的基本条件和重要基础。

与公共管理不同，工商管理遵循的是市场规则，并且被市场规律所支配，因此它是在经济轨道上运行的，必须采取符合市场规律的运行方式。不能否认，市场经济在本质上也是一种法制经济，市场在运作的过程中必然要受到相应法律的规范和制约，但这是一种外在的规范和制约。作为竞争性的工商企业，更重要的是市场经济规律的内在约束，比如产权的约束和保护，它可以降低交易费用。交易费用可以简单地理解为社会经济运行中的摩擦系数，其系数越小社会经济运行效率就越高。此外，工商管理相对独立于政府，它可以通过市场机制和价格体系比较准确地反映企业的经营状况，并采取必要的措施进行纠错与完善。

在现代中国二元并列与互动的政治架构中，公私两个领域的基本管理范式都面对着来自于政治民主化和经济全球化的严峻挑战，在这种情况下，管理技术和管理制度的引进是不可避免的，但是管理技术和管理制度在本质上都是情境依赖的，亦即它们植根于一国的历史背景、文化价值观和现实制度框架之中。因此，必须按照自己的国情进行技术与制度的自主创新，进而实现国家与社会的有效互动，以推进经济社会的全面和协调发展。

何　哲　国家行政学院公共管理教研部副研究员。研究方向包括网络社会治理、行政体制改革、国家发展战略、经济与制造业服务化等。著有《中国制造业服务化——概念、理论、路径及其社会影响》等。

面向未来的公共管理体系
——基于智能网络时代的探析

何　哲

当前人类社会很可能正处于人类历史上最为重大的转型时期，其重要性不亚于人类在一万多年前所经历的第一次经济革命对人类社会形成的塑造和三四百年前的工业革命对现代人类社会的塑造。在当前这种转型的历史背景下，人类的社会形态、存在方式、行为方式都要产生深彻的改变。具体而言，当前人类社会从 20 世纪 90 年代至今以及今后相当长的未来，正在经历着从网络社会出现以前的传统时代向以“网络—大数据—人工智能技术”三位一体的新的信息时代的转型。在这种根本性的社会结构的转型中，人类的公共管理体系也必然面临着深刻的适应性变革和重构。本文正是深入探寻在这种时代转换的历史进程中，公共管理体系要面临着哪些深刻的变化和趋势。

一、人类社会的历史阶段性变迁与新的历史时代的到来

在人类已知的数千年历史中，人类已经经历过若干次大的历史性变迁，从社会形态来讲，可以大致划分为原始的氏族社会、奴隶社会、封建社会、近代以来的资本主义社会、社会主义社会等。而从生产方式的形态划分，人类则经历过原始的

渔猎采集社会，在一万多年前进入到农业社会，在三四百年前进入到工业社会，在“二战”以后进入到后工业社会。而自 20 世纪中后期互联网的出现，特别是 20 世纪 90 年代后万维网大面积使用所产生的网络社会的形成以来，人类正在进入一种全新的历史阶段。而这一新的历史阶段由于其深刻的改变了人类在微观个体行为与宏观社会行为的基本方式与结构，并创造出了新的人类活动与生存空间，以及新的人工智能的智慧体，从而将诞生出一种前所未有的新的文明形态。在新的文明形态面前，之前的那些社会形态，可以被统一称之为传统时代，因为其具有共同的社会结构形态。而新的文明形态的形成，其核心的三个技术驱动是网络技术、大数据技术与人工智能技术。

从 20 世纪 90 年代起，万维网的诞生促使互联网技术从原本狭小的军事与科学用途转为广泛的民用领域，并最终在新世纪渗透到社会的各个方面，构建起了人类前所未有的新的信息网络与渠道。网络最终产生了三个重要的作用：1. 网络构建起新的数据空间域，从而形成了遍布人类社会的致密的信息网络，加速了人类在物质调度、生产经营、社会生活、思维交换等各种高度依赖信息机制的活动效率；2. 网络形成了新的人类生活域态，形成了以“物理 + 网络”的新的生存状态，拓展了人类生存的新的空间和范围，并促使新的社会组织形态的形成；3. 网络穿透了传统等级科层的社会结构，形成了新的扁平的人类社会结构。至今为止，通过各种接入渠道，互联网已经遍布全球。

从本世纪初开始，随着网络使用的密集化，人类通过网络形成和传输、存储的网络内容——数据规模也越来越大，目前，人类的数据存储量已经飞快地越过 PB（拍 1015 字节），EB 阶段（艾 1018 字节），而进入到 ZB（泽 1021 字节），据估计，人类目前一年产生的数据，比之前人类有史以来所有的数据都多。2010 年左右，大数据这一概念和技术被广泛接受并被应用。大数据技术是网络形成的人与人之间的广泛连接后，在内容方面数字化所形成的自然的结果。而未来人类还将构建人与物之间、物与物之间（物联网）的更为广泛的联系，人类数据的形成规模也将进一步迅速增长。

伴随着人类数据量的进一步增大，人类已经无法通过人力来实现对数据的处理和应用，因此，必然发展出通过机器来进行数据处理的能力。一开始机器只是帮助人类进行简单的数据处理，如统计、聚合、运算等，随着机器运算能力的进一步增强，机器开始在人的训练下发展出模式识别（图像和语音）、逻辑运算、逻辑推理等能力。人工智能的早期产品就已经形成。从而在很大程度上来帮助人类进行对数据/信息的判断和决策。未来，人工智能是否会发展成为类似于人类一样能力的自主智慧体，目前依然不能下断言。但是一个基本的判断是，人类必然会在社会行为和决策中越来越依赖机器的作用。

因此，可以看出，人类社会从网络技术演化出人工智能技术是一个自然而然的过程：网络形成了广泛的连接，数字化提供了大量的信息与数据，催生出人工智能来处理数据和进行决策。因此，所谓未来新的人类时代，以信息技术的发展趋势来看，其核心就是在于形成一个以互联网作为广泛的连接渠道和形成新的空间，以人类社会的数字化为趋势，以人工智能的全面介入为结果的新的社会阶段。

从未来的发展来看，人类在历史上几乎从未经历过在如此短的时间内相继迎接如此多的核心的技术改变。所以说，我们正处于网络、大数据、人工智能技术三位一体叠加的过渡时代，有别于传统上认为信息时代的起点是20世纪70年代个人计算机的出现与逐渐普及和光纤等技术的发明后，在人工智能出现后，可以将其统称为人类未来的新信息时代或者智能网络时代。

二、网络、大数据、人工智能技术对人类社会形态与实质的改变

对于新的时代而言，网络、大数据、人工智能技术都对传统社会在很多方面产生了实质性的重塑，然而，其中每一个领域都产生了一个最为重要的改变：网络技术主要体现在对社会结构的改变；大数据技术主要体现在对世界的重构能力；人工智能则体现在新的社会主体领域。

（一）网络使得等级科层制的传统社会向非中心、非科层的网络型社会结构转换

网络技术从一开始构建而言，最早是为了军事用途，为了保护关键信息设备和信息网络的稳固性，因此其初始就是为了构建一个非中心性的信息网络，从而使得无法通过对少数节点的破坏从而摧毁整个信息网络。而随着网络在全社会的更为广

泛的渗透，也将这种非中心性的结构赋予了社会结构。在网络社会中，个体的信息传播能力并不是其真实社会地位阶层的网络直接反映。网络中也打破了传统社会中自下而上和自上而下两种垂直单一的信息渠道，形成了任何节点可以与任何节点进行直接互动沟通的新的网络型结构。当在水平层面改变了传统社会结构上的中心型时，在垂直层面，则同样对原有的等级层次进行了突破。网络中虽然也会出现根据社会能力与社会资源形成的纵向等级，但是整体而言，这种纵向等级是不稳固和动态的。任何节点之间，都可以跨越传统时代不同的科层位置，直接互动，因此，在网络社会的整体层面上，形成了远比传统社会森严的等级结构更为平等。

相对于等级科层制的传统社会结构而言，网络型的社会结构，是有史以来最为重要的社会结构的改变。这种社会结构的改变，直接突破了整个原有社会逻辑的基本架构。而相应的对传统的基于等级科层体系的管理架构也产生了多样的冲击，一方面，网络的非中心非科层结构促使了传统管理体系的分解和网络化：原有上一级政府的信息权威由于更为多元的网络信息渠道的出现而逐渐消解，单一稳定的信息渠道则被新的更为多样的非正式网络渠道所替代；另一方面，网络更为强大的信息传播与监督能力，也赋予了传统管理体系更为强大的整合能力。传统的管理体系可以更为方便的直接监督整个体系，并强化了管理体系范围内的资源调度能力。但无论如何，网络塑造新的社会结构是一种可见的历史性的趋势。

（二）大数据使得社会具备了较为精准的跨时空重建场景的能力

对于大数据的本质特点已经有了很多讨论和描述，如经典的提法是四个V（Volume 大量、Velocity 高速、Variety 多样、Value 价值）。但是这些还是从外在的特征而言的。本文认为，从本质上而言，大数据的本质是万事万物的数字化，是人类对真实世界的数字重建过程。

在传统时代人类由于落后的数据与信息采集能力，只能通过落后的文字、符号、语音等进行数据的记录。因此，对于一个庞大领土范围内的管理体系而言，遥远的最高权力者只能通过被大大压缩的统计数据和其他简报，掌握整个国家范围内的基本情况和政情民情。一旦在具体地方发生了管理性事件，则就必须要从中央政府派出官员来到地方进行具体的督察或者业务指导。而在大量例行的事物上，遥远的中央管理者，并不需要且缺乏对具体地方管理实践的指挥能力。

大数据技术则从根本上改变了传统社会对具体社会生活记录与重建的能力的匮乏状态。由于强大的无所不在的数据感知、采集与记录能力，使得任何数据都可以就近的进行存储，并对任何已经存储的数据进行调入调出。在行为能力上，大数据促使产生了一种新的管理状态，即遥远的管理主体，第一次具有了在远距离、长时间跨度下对遥远事物的精准重建能力。这对于基于缓慢信息状态下的传统社会运转体制产生了极大的影响。具体而言，表现在三点：1. 跨越时空的精准场景再造能力将改变原先必须严格依赖逐级管理的体系架构，遥远的管理者同样可以具有与近场的管理者大体相当的数据信息；2. 精准的数据追溯性改变了管理监督的状态，由于大数据技术使得任何数据痕迹都可以被长期的追溯而不改变其信息的内容和精度，因此，这使得事后的追溯更为便捷和容易，从一定程度上可以减轻和减少行政监督体系的强度和密度；3. 资源的匹配性将由于对客观物体的高效的数据重构而得到更大的满足，资源（包括物的资源和人力资源）都将具有了更大的相互匹配与适应能力，从而减少了公共管理体系在资源匹配方面的依赖。

（三）人工智能将产生新的人类社会主体

伴随人类对数据的进一步处理，人工智能进一步产生。人工智能本质上是创造一种自适应和自我判断的复杂数学函数，从而对复杂的人类社会信息的输入进行响应，并自主做出符合或者模仿人类行为的输出。而当这样的模仿人类的行为的输出可以达到人类的水平，并难以被其他旁观人类所区别时，就可以认为人工智能已经产生。从目前的水平而言，人类社会已经在大量专业领域创造出了可以与人类智力相匹敌的人工智能程序，在很多具体的环节来帮助人类完成工作，如自动驾驶、自动翻译、图像识别、自动生产线、服务应答等，这就是弱人工智能的概念。目前，人类正在超越弱人工智能技术，而创造出如同人类一样的高效、复杂、具有强大学习能力与适应能力，甚至产生自我意识的人工智能，这被称为强人工智能甚至超人工智能。根据某些科学家的判断，人类在2050年左右，可以构建出和人类大脑神经元数量一样多的逻辑单元的芯片。那时候，人类可能会拥有强人工智能。这种观点，当然是值得商榷的，因为目前对什么是意识的本质和其产生的原理，人类并未掌握。

但无论如何，人类都正在迎来一个自我创造的机器智慧普遍融入人类社会的时代。

对于人工智能体对社会的影响而言，将产生三个方面的重大改变：

1. 人类将第一次拥有了无尽的劳动力资源

人类社会发展的历史就是一个不断制造工具并对人类进行替代的历史，在农业时代，人类驯化了牲畜，从而为人类提供生物动力替代人类进行简单的劳动；在工业时代，人类则利用矿石能源、蒸汽、电等作为能源的载体方式来提供动力替代人类劳动；在信息时代早期，人类发明了电子计算机进行科学、军事、商业方面的数据处理，部分替代了人类脑力的简单活动；人工智能出现后，则在很大程度上越来越多的替代了人的脑力活动，在自动驾驶、客服应答、工业流水线等方面，人工智能都将发挥极大的效能。而进入 21 世纪后，人类的总人口数虽然越来越增加，但是日益增加的智力需求使得从事较高知识技能工作的人口数越来越短缺，同时，聘用知识工作者的成本也越来越高昂，教师、医生、科学家、飞行员、管理人员这些高等级的人才培养的时间也越来越长。人类社会正在进入一种严重的知识资源相对不足的局面。人工智能体的出现第一次使得人类能够解决了能源资源的有限性外，找到了近乎无限的智力资源的可能。

2. 人类将拥有高效、精准、能力更强的多样劳动者

由于机器智慧本质上是建立在广泛的网络连接和大数据的基础上，同时又不具备人类自然生命的众多生理于情感约束，而机器智慧无论在信息的掌握程度、对输入的响应速度方面，理性的判断分析能力方面，都远超传统人类，因此，人类社会将拥有在大部分能力上赶上并将超过人类的劳动者。当这样的劳动者出现后，一方面，人类对于自然世界和微观世界的理解与探索也将极大的改变，对于危险的场景，遥远的太空，微观的动植物体内，都可以用机器智慧进行探索和改造；另一方面，人类将彻底摆脱物质的价值束缚。传统的劳动价值论也好，成本论也好，都是建立在人力的有限性和昂贵性上的，当大量的人工智慧体能够从事复杂的劳动并源源不断的生产出物质产品后，人类以劳动的复杂度、时间和知识的稀缺性为根本标准的价值衡量体系也将改变，人类将第一次从物质稀缺时代进入普遍的物质丰腴时代。

3. 人类将进入一种特殊的人机混合或者普适智慧阶段

当整个机器智慧深刻的嵌入社会后，人类将发现一种普遍的人机混合或者普适

智慧阶段的到来。在这一阶段中，由于传感器和智能芯片的普遍嵌入，任何物体都能够成为可以和人类进行交互的智慧体，而任一形态的机器，都可能具有人工智慧的嵌入，并能够进行自主收集信息、判断和行动。

在这一阶段，机器就第一次具有了和人类几乎一样的交互和智慧能力，成为一种新的社会主体，能够扮演绝大部分人类扮演的角色。这将产生三个目前而言从未有过的问题：（1）人的绝大部分工作是否会被更高效率的机器替代？这将对原有经济体系产生极大的颠覆，普遍失业或许成为一种必然。根据日本《经济新闻》和英国《金融时报》共同调查研究发现，在人类的 820 种职业、2069 项业务（工作）中，约有 34%（710 项工作）可被机器人替代；（2）人工智慧体到底是完全的机器还是如同其他生物一样，如果动物的权利需要尊重，那么作为比动物具有更高智慧的人工智慧体的权利是否需要尊重？（3）人对人工智慧的利用，是否会产生人对机器的高度依赖，特别是对脑力劳动的依赖，最终会导致人本身的蜕化，形成人的客观被奴役的状态？这些问题，都是当前亟待面对和解决的。

三、传统时代公共管理体系的基本逻辑

要理解新信息时代下（网络—大数据—人工智能）对传统公共管理体系的重塑，就首先需要理解传统时代下公共管理体系的基本架构与逻辑。所谓传统时代，本文里就是指在网络出现之前的人类社会。

当然，对于传统时代的公共管理的逻辑可以有很多层面的刻画。但是可以总结出几个基本的逻辑。

（一）传统社会和相应的管理体系是自顶而下的等级科层架构

无论从最早的氏族社会、再到奴隶、封建、工商业革命后的近代以来的资本主义社会，在人类几千年的历史里，传统社会的基本结构都没有发生实质性的改变，都是自顶向下的等级科层体系。这种社会结构体系是这样的：

1. 社会是自顶而下的水平分层结构

在传统社会中，根据知识、权力、资本的占有的多寡不同，社会大体会形成较

为稳定的水平分层体系。在层级之间则形成一定的层级间的交互。在不同的时代，决定社会等级的是不同的要素。例如在较为古老的社会早期，祭祀、神职人员占据社会阶层的顶层，这实际上是一种通过知识占有而形成的上层阶层。如在人类普遍的早期神话时代，乃至在欧洲的中世纪时代，神权阶层都是牢牢占据在社会的顶端。甚至在今天的某些国家（如印度），依然保留着历史遗留下来的种姓制度。而随着历史的进程，世俗权力则进一步与神权（知识权力）来争夺顶端阶层的位置，如在中国的商周之后，世俗权力都超越了神权，并完成了对神权的整合。在欧洲中世纪时代，也存在着大量国王与教皇争夺顶级阶层位置矛盾。资本虽然一直在社会阶层分化中扮演作用，然而其真正占据社会阶层顶端的是在近代工商业革命之后。所谓的资本主义，就是资本真正成为衡量社会等级的标的物。

而在水平阶层之间，传统社会也形成了若干实现阶层流动的垂直管道，从而促使优秀的低阶层人才能够跻身于高阶层人才。在人类社会早期，一方面，是通过血缘、通婚来实现的，但是这种渠道相对较窄，很容易形成门阀政治。另一方面，则是通过军功来实现的。然而军功在和平时代则很难为平民所得。此后，则是进一步通过各种人才的推荐制度来实现，如汉朝的举孝廉、魏晋的九品中正制等。真正建立起较为稳固的阶层流动制度，则是在科举制度形成后，从而建立起了通过考试来实现阶层跨越的路径。能否在水平的等级之间建立稳固的垂直交流渠道，也决定了这一等级结构的长期稳定性。

2. 社会存在着垂直领域的专业分工

除了水平结构外，在不同的相应阶层，也因为社会经济活动更加分化的原因，形成了垂直视角的不同的专业分工团体。并且这种专业分工团体往往还跨越多个阶层，形成了穿越层级的人的团类类比区分。如同样是从事军事活动的人群，由于历史的延续、家族、个人的资质、努力、机遇不同，可以同时从社会的最上阶层，一直贯穿到最下阶层。而这种垂直管道的联系，并不是只是形态上的，也起到了很多别的功能。如帮助社会从最底层传递信息、输送人才、反映利益诉求等作用。

因此，在人类过去几千年来的历史演化中，一直都形成了这种水平存在明显的阶层划分，纵向来看存在着明显的专业分工和人群分类并形成能够部分跨越层级的信息与人才交流管道的结构。

3. 管理系统也形成了同构的等级科层制

在严格的等级科层体系下，传统时代的管理系统也形成了类似同构的结构。这一等级结构就是：（1）根据不同的管理权限，设置稳固的不同的权力位置，上一级的权力所拥有的权力范围更高。（2）权力按照自上而下的位置贯穿下来，下级需要服从上级的命令。（3）信息则按照自下而上的顺序逐级上升到上一级直至管理体系的顶端，由上一级或者最高权力来做出决策。（4）在垂直的领域，则相应设置不同的专业管理单元进行专业性的管理。以这样的形式，信息与资源则形成了在整个管理范围内的完整的大循环和调度。

（二）社会结构与管理体系的宏观与微观形成相对的分离

传统时代管理体系的第二个逻辑是，在整个的社会活动中和相应的管理中，存在明显的宏观与微观分离的状态。这种状态就是说，每一级管理体系都主要从事本级的管理活动，而更为细节的事情，则交给下一级的管理机构来进行运作。处于高层次的政府，通过宏观的统计数据来掌握大范围的社会状态，并做出相对模糊的大的政策判断，并将更为针对性的管理权限，交给微观管理者来进行判断。

这种宏观与微观分离的状态有三个原因：一是由于传统社会落后的信息传递能力，使得微观层面的信息必须要通过逐级的方式才能传递给宏观层；二是由于信息处理能力的落后，每一层管理机构的信息处理能力是有限的，因此，在逐级传递的时候，必须要进行信息的压缩与筛选，最终在压缩与筛选过程中，微观信息就逐渐减维和汇总形成宏观信息；三是每一级管理体系的决策能力也是有限的，因此，只能做出模糊的一般性原则的决策，而不能根据微观的多样性情境进行具体精确的决策。

当然，这种宏观与微观的分离，只是在一般情况下。而在特殊情况下，如重大的灾害事故的发生、具体的战争领域的某些情境下，最高级别的权力者会下沉到第一现场进行实地指挥。然而这种指挥在传统时代，更多是一种士气鼓舞的体现和重实现视，进而保障大范围的资源向关键区域集结，并不是对传统管理层级超越，只能说是对传统层级的距离进行压缩，宏观与微观的隔离依然是存在的。因此，宏观与微观的隔离是传统管理体系的第二个核心逻辑和准则。在这一逻辑之下，宏观与微观单元形成了各自的任务与管理准则，如上级不直接干预下级的授权原则，下级向上级汇总的负责监督原则，上下级相对分工的各司其职原则等。

（三）每个管理体系的单元最终都是自然人组成的

传统时代管理体系的第三个原则是无论什么层级什么位置的管理单元，最终都是自然人组成的。这一原则看起来非常简单，但是实际上却产生了若干重要的影响与作用。

首先，自然人的管理者具有典型的能力有限性。受制于自然人智力、体力、精力的限制，每个管理单元的管理能力是一定的。这就产生了管理幅度与管理效率问题。如传统上，认为每一层管理者直接管理的下级数量（管理幅度）以七八个人为最高限度。而统观传统管理体系，除了在高度同质化的流水线工厂中，车间的管理者可以管理几十个工人。在一般性的行政管理体系中，自顶而下的整个体系都是以大约 8 个左右为限进行构建的。一旦超过的过多，则又会形成各种其他的辅助结构来减少同一层管理者的管理幅度。

其次，自然人的管理者具有典型的非理性判断性，具有明显的信息能力有限与非理性判断问题。自然人管理者，在收集信息时，一方面其信息阅读获取能力是有限的，其要么通过一手的调研，要么通过二手的阅读、听闻等方式来获得信息。但是这样的信息数据能力是极为有限的。这就导致，每一层的管理者都只掌握了相当有限的管理信息。并且，自然人在将相对客观的信息内化为主观掌握的信息后，还存在着受制于经历、经验、知识背景、情感等。

第三，自然人的管理者还有典型的社会性。也就是说自然人的管理行为，不仅受到自身管理决策的影响，同时受到广泛社会联系的影响。对于自然管理者而言，除了刚性的管理规则如法律法规、行政制度约束外，意识形态、自身利益、个人情感、社会关系、社会舆论等大量其他社会因素，都会影响到管理者本身的管理决策和行为判断。

四、网络、大数据、人工智能技术引发的公共管理体系的变革趋势

正因为由于在网络、大数据、人工智能技术的突出影响，整个人类社会形态产生了深刻的变革，与此相对应，公共管理体系也产生了相应的变革。这种变革当然是全方位的，但是，与以上三个层面的变革相适应，公共管理体系也产生了三个方面的变革趋势。

（一）穿透科层制

当网络社会逐渐由传统的等级科层制变为去中心、去科层的网状结构后，一个自然而然的结果是，与传统金字塔型社会同构的公共管理体系就产生了与社会相脱节的状态。但是，相对而言，社会的变革，是一种自然的状态，是整个社会在技术驱动下社会演变的自然结果；然而金字塔型公共管理结构的体系，却是具有强烈的制度设计的结果。在当传统时代等级科层制的社会与公共管理体系同构时，公共管理体系具有天然的合理性和稳定性，然而当社会与管理体系不再存在同构关系时，管理体系就自然面临着相应的变革动力，一个基本的规律是，管理体系必然要同社会现实相符合。

网络引发的传统公共管理体系与社会现实的结构背离，当这种结构背离形成时，网络对传统公共管理体系会产生两个方面的趋势作用：一是网络技术提供给了传统政府超越科层结构，形成在纵向和横向进行跨越式决策、执行、监督的渠道，从而有助于构建一个网络化的政府结构，这是一种理想中的技术逐渐改变制度架构的自然趋势；二是网络技术同时提供给了传统政府体系不改变原有结构就可以利用现有信息化技术强化自身的效率的途径，这从另一方面加强了原有体系结构的稳固性。但是，一种制度安排是无法背离社会结构太远的，网络型的社会必然会产生，原有金字塔型管理体系的管理能力漏洞越来越多，必然会促使公共管理体系趋向外部扁平化，内部打破科层促进整合的趋势。

（二）打破宏观与微观

正如前所述，大数据本质是人类对现实世界的数字化重构的过程。各种大数据，

都是来自于对现实的采集、归类、存储、传输与重新展现的结果。当人类的数字能力越来越强大，来自于距离与时间所产生的数据鸿沟逐渐消失时候，人类就可以实现在远距离进行事实的精确发现和重构。在这种情况下，原有传统社会基于薄弱的信息能力所形成的需要通过逐渐削减信息容量实现从微观层面到宏观层面的现状，就被深刻的改变了。遥远的精确的实践数据，同样可以无损的集中传导宏观决策层，在宏观决策层进行系统的分析，并对微观给予精确的指导。

这种状态的发生，将在管理层面产生三个方面的实质性的改变：首先，是管理层级的压缩化，由于互联网形成的跨越层级的信息通路的产生，在大数据现场重建能力的强化下，将产生更为显著的层级压缩的动机，更高层面的管理者具备了对第一线直接的临场信息获得和临场指挥能力，将使得原有层级分布的管理架构更受到穿透性的压力；其次，是管理能力的强化，由于跨越层级的管理活动成为一种常态性可能，因此，整个管理体系就相应具备了在任何一点给予最强的管理支持的能力，这就从动态上使得管理体系的能力更为完备化；第三，由于整体上宏观管理能力的加强，从而客观上造成了微观基层管理体系的弱化或者萎缩化。

以上三个方面的改变，最终都将指向一个趋势，就是大数据能力的不断发展，是否导致在公共管理上的宏观与微观的区别是否在模糊并最终取消？传统上宏观通过统计数据制定总体政策并通过微观层面进行执行和修正的分工是否最终将改变？这是在管理体系上必然要慎重思考和面对的问题。

（三）机器能管理人

机器能管理人，这在科幻小说中或者电影中，或许并不少见，但是随着科技迅速的发展，人工智能技术将机器能管理人的预期生生地带入到现实之中。根据最新的普华永道的估计，在未来十多年中（到 2030 年），机器人将会替代全球大约百分之三十的工作，其中最能够被替代最大的不是传统上认为的制造业的重复劳动环节，而是金融服务行业，其中该行业 61% 的就业机会可能被机器所取代。这就意味着，不仅是传统的被认为的简单劳动会被机器替代，复杂的管理活动，也会在很大程度上被机器所替代。这就是说，机器能管理人，不只是一种幻想，而是一种正在发生的事实。而根据一项在英国的统计表明，甚至有 1/4 的人认为，政府如果由人工智能管理，那么其管理水平比人管理要高。这就意味着，如果在英国进行由人还是来由机器进行社会管理的投票的话，恐怕有四分之一的人会投机器，或者如果AI可以自由参加选举，或许可以在议会拿到1/4的席位。这一调研虽然是在西方国家，但是这种趋势依然是值得高度重视的。

机器能管理人或者参与公共管理过程，将产生三个方面的深远影响：（1）在政府绩效方面，机器高度参与的管理过程，或许因为其高效率和强大的信息能力，提高人类政府的绩效水平；（2）机器参与公共管理，或许更能够执行刚性的法律，在依法执政方面做得更好；（3）机器参与公共管理，将深刻改变管理的内涵与外延，引发整个管理体系伦理与实践的大震荡与大重构。

五、对网络、大数据、人工智能技术引发的公共管理体系变革的谨慎判断

以上只是从一般性的规律角度探讨了未来信息技术对公共管理体系的变革的压力和产生的趋势，然而，对于真正的公共管理体系会变成什么样，我们还需要进行谨慎的判断和斟酌。基于以上的三种趋势，本文认为，未来的公共管理体系将会产生三种应变性的形态：

（一）科层会被压缩但不会消失

固然网络会穿越传统的等级科层体系，但是科层在网络出现后被赋予了新的意义。所谓科层，其实质是形成了逐级传递的信息与命令链条，从而实现从决策到执行的分工与组织，在大范围内实现管理活动。只要人类的管理分工依然存在，那么管理就存在不同阶段的逐级分解，就会形成从决策到执行的命令链条。但是这种新的科层体系会产生几个变化：

首先，原先冗长的动辄五六级的科层链条会被大大压缩，往往形成“决策—执行”或者“决策—传导—执行”的两三层。科层的压缩在新的时代将是一种管理体系上的常态，无论从商业性组织，还是公共政治类的组织，科层都将被大大地压缩。两三层的体系将越来越成为常见的体系，在管理学家眼里梦寐以求的扁平型组织在未来的管理体系中，终将实现。

其次，静态的稳固科层链条会转变为动态的临时性链条，各种管理要素，会围绕新的任务的发布，而形成新的科层链条，并交叉组合形成动态科层网络。这就意味着，在新的管理体系中，由于管理单元的多功能化和所需要处理的社会事务的复杂化，每个不同的管理单元，都随时可能面临角色上的调整和分工，传统的刚性决策会被柔性决策替代。

第三，任务链条的方向将是双向多元的，也就是说，越来越动态的任务链条将形成多个任务“发起—传导—执行”的过程。在动态管理体系中，传统的上下级关系将逐渐消失，决策到执行的方向既可能是传统上自上而下的，也可能是原先自下而上，也可能是社会中任何个体发起的形成的任务链条。

（二）宏观可以临时替代但不能取代微观

传统时代宏观与微观分离的核心原因在于管理体系信息能力的有限性和管理单元能力的有限性，从而形成了通过微观信息减维叠加构建宏观场景并实现管理上的宏观决策与微观执行的体系状态。在新的管理体系中，由于强大的大数据再现能力，使得整个体系的信息呈现出一种全息化的态势，也就是在微观的任何一点都可以具有获取其他区域信息的能力，并且由于人工智能的辅助，使得任何微观一点具有大体同样的决策能力，因此，看似使得传统上宏观与微观分离的必要性不再存在。然而，本文认为，在未来的体系中，宏观可以临时替代微观进行决策执行，但是并不能取代微观，原因有三：

首先，宏观可以帮助微观决策执行，但没有取代微观的必要。传统上，特别是在突发事件上，往往出现高层级管理团队直接超越科层指挥具体行动的情况，这其中隐含的前提是，在这样的场景中，高层级管理体系具有更大的资源调度能力和更高的管理素质。然而，在大量的日常事务中，宏观管理者即便掌握了同样的微观信息，也并不能证明在具体的微观事务上也比微观管理者表现得更好。

第二，宏观与微观的分离体现了管理权威的统一性。所谓管理权威，是指最终由谁（体系的哪一部分）来掌握管理活动的最高决策权的。在公共管理中，也可以称之为政治权威，也就是说谁来受公民委托来实现最高的政治权力。在管理体系中，宏观与微观的分离，体现了管理体系的统一性原则和政治上的主权原则。也就是说，只有经过特定法定程序选举和授权的特定主体，才具有在宏观上最终决策的权力。而其他的管理单元，尽管拥有同样的能力，也不能代表整体的最高主权。因此，只要人类社会存在主权的区别，也就必然存在着宏观和微观的分离以确保宏观代表最高权力的统一性。

第三，宏观与微观的模块化分离有利于管理体系的自查和修复。任何管理体系都存在故障和问题的可能，如果不区分不同的功能模块，那么一旦管理体系发生了问题，则很难进行精确的识别和定位，而修复或者更换功能模块的代价也是较大的。想象一下，如果一个管理体系的所有决策都是由同一的宏观中心作出的，而不再区分宏观与微观的区别，那么一旦出现了管理问题，是否意味着整个管理体系都出现了问题。而区分宏观与微观的不同，则可以较为精准地定位到底是哪个位置的管理模块出现了问题。针对不同的位置的问题，则可以进行方便的修复。

因此，以上的三个方面的原因，决定了只要存在管理的分工和管理体系本身，无论未来时代如何赋予宏观强大的微观精准能力，还是赋予微观强大的宏观信息能力，都不会改变宏观与微观总体上分工的局面。

（三）机器可以参与管理但不会替代人类

对于人工智能而言，如果从漫长的人类管理史来看，机器参与人类的管理是贯穿在人类管理的全过程的。如古代算盘参与钱粮的管理，近现代以来各种机械式和电子式计算机参与人类的管理和辅助决策。所以机器参与管理本身并不值得过度忧虑。未来人工智能分为弱人工智能和强人工智能甚至具备完全的人类认知的超人工智能。对于不同的人工智能体系参与人类管理而言，人类本身都没有值得过度担忧的。

首先，弱人工智能不会改变人类的主体地位。所谓弱人工智能，就是指人设计的，能够部分替代人的活动但不具备人类全面的认知能力的人工智能体系。弱人工智能更具备物理客体的属性。在弱人工智能阶段，人类会极大得益于弱人工智能的帮助，完善整个管理体系，提供更多的智能劳动辅助和提高管理体系的效率。

其次，强人工智能不会对人类形成单方面的优势。所谓强人工智能，是指在认知学习能力方面和人类差不多的人工智能体。在强人工智能阶段，人类社会相当多的复杂管理活动会被强人工智能取代或者全面参与。如在政府决策方面，行政执法方面，人工智能体都将具有极为强大的效率进行辅助行为。尽管如此，强人工智能依然不具备人类自我的独立意识，依然是强大的人工辅助机器，被人类所控制，因此，最后的管理决策权，还是掌握的人类手里。

第三，超人工智能会促进人类本身的完善。所谓超人工智能，是指认知能力全面超过人类的人工智能体，甚至具备如同人类一样的自我意识。在超人工智能阶段，传统的人类确实已经不具有对抗人工智能的优势，但是这不意味着人工智能本身会超越人类或者完全替代人类。因为，从历史的演化而言，人工智能本身也会促进人类的进化。对于智能体而言，如果人工智能具备人类的情感、认知、自我的认识，那么人工智能与人类本身在意识的层面已经没有区别，都是智慧体本身。人工智能所先天具备的强大的信息网络数据能力，人类通过更为先进的人机信息接口（如脑联网），也将同样具备。因此，当人工智能不断发展时，人类本身也将进一步完善演化，并没有特殊的理由认为人工智能会完全的替代人类本身和人类自我的社会管理活动。

除了以上三种基本的趋势判断外，在向新时代的政府转型的历程中，还需要高度关注由于所产生的新的信息鸿沟和不匹配的问题。这种信息鸿沟体现在三个方面：一是由于一个庞大政府组织内不同的部门和地区具有不同的信息能力，所以往往形成了部分子组织具有更高的信息能力形成更为高效的政府体系，而其他地区更为落后，这将严重损害整个体系的信息完整性和转型进程；二是组织内的不同个体之间，也存在对于新的信息体系的接纳与适应性的差异，对于落后的信息接受能力的个体，将严重滞后整个政府体系的转型，同时也可能产生个体更大的信息焦虑和失能甚至被剔除出组织之外；三是由于人工智能对于行政主体的越来越强的替代能力，对于大面积的潜在政府雇员失业或者闲置问题，也需要高度的被重视。无论以上的哪个问题，都需要更多的加大对整个体系的信息能力的提升培训和终身训练。

六、结论

本文的重点是对不断涌现的新的信息技术所引发的新时代的管理变革进行剖析，其重点在于分析未来管理体系的基本趋势，特别是对相对而言的极端判断进行澄清。本文认为，尽管网络技术、大数据技术、人工智能技术奠定了新的人类文明体系的技术基础，并促进了新的管理体系的形成，但是人类管理体系的基本要素结构会保持稳定。未来时代将形成三个重要的趋势：管理科层会被压缩但是不会被消失；宏观微观的距离会被拉近但是区别不会被取消；人工智能会全面参与管理但是不会完全替代人类。

段炳德　国务院发展研究中心信息中心副研究员，博士。研究领域：宏观财政与货币政策研究，动态随机一般均衡模型建模与政策分析，国际财政与货币政策研究。

构建现代税收制度促进国家治理体系现代化
——基于税收改革的视角

段炳德

税收制度在国家治理体系中处于核心位置，亚当·斯密曾经提出，和平、简易税制和可容忍的司法体制是助力国家通往富裕之路的关键要素。新政治经济学的研究表明，税收能力是国家能力的重要组成部分。比斯利（Besley）在《繁荣支柱》（Pillars of Prosperity，2011 年）一书中用现代经济学的方法论证了避免政治冲突，包含广泛的税收遵从、合理税收成本、宽税基的税收体制，保护契约和知识产权的司法制度是国家繁荣的三大支柱。

国家为获取税收与公民之间达成一定的契约关系，这会促进国家民主化的进程，而稳定的税收契约关系又会促进国家财政能力的提升，从而促进国家现代治理体系的完善。因此，经济学家熊彼特说，税收有助于创造现代国家，税收又有助于塑造国家。在一些治理失败的发展中国家，它们的税收能力较弱，更多依赖对贸易课税甚至是通胀税，税收系统腐败现象严重，政府缺乏足够的财力，不能很好地履行自己的职责。反观现代市场经济发达国家，税收占 GDP 的比重普遍较高，税收占 GDP 比重在 OECD 国家中能够达到 40% 左右，税种上更多依赖收入税和增值税。

十八届三中全会以来，我国致力于国家治理体系的现代化并提出财政是国家治理体系的基础和支柱。在任何构建现代财政制度的方案中，现代税收制度都是不可或缺的一个重要板块。而在中国经济改革开放中，税收制度改革更是一直扮演急先锋的角色，税改就像一个楔子敲进传统势力阻碍改革形成的坚冰，撬开改革的缝隙，汇入改革的洪流。

税收改革助力从新定义政府与市场的关系

考察改革开放以来的税制改革历史，大致可以分为三个时期，一个是1980—1993年有计划的商品经济时期，第二是1994—2012年社会主义市场经济起步完善时期，第三是2012年到目前还在发展的改革与开放深化期，促进国家治理体系现代化的阶段，也是实现两个百年目标的关键期。在这三个阶段，税收改革贯穿其中的一个重要主线就是帮助从新定义政府与市场的关系。

第一个时期是逐渐从计划经济向市场经济过度的阶段，税收改革在此过程中从计划经济的收入体系向商品经济的税收方式转变。改革开放以来，中国的税收制度改革一直在国家的现代化转型中，在促进国家治理体系现代化的进程中发挥关键作用。在20世纪80年代，从计划经济向市场经济转轨的过程中，一系列的税收制度改革重塑了政府与市场的关系。市场主体——国有企业从上缴利润转变到缴纳税收；对新进入的市场主体——外国合资企业和外国投资企业，通过立法完善税收关系。从1980年9月到1981年12月，第五届全国人大先后通过了《中外合资经营企业所得税法》、《个人所得税法》和《外国企业所得税法》，对中外合资企业、外国企业继续征收工商统一税、城市房地产税和车船使用牌照税。

两次“利改税”推动厘清国家、政府与企业的关系。工商利税改革意味着向现代税制转换。1983年，国务院决定在全国试行国营企业“利改税”，即第一步“利改税”。1984年10月起在全国实施工商税制改革，发布关于国营企业所得税、国营企业调节税、产品税、增值税、营业税、盐税、资源税改革等行政法规，即第二步“利改税”。1984年税改是改革开放之后最大规模的一次税改，为后面税改的顺利推行奠定了坚实基础。1991年，第七届全国人大第四次会议将中外合资经营企业所得税法与外国企业所得税法合并为《外商投资企业和外国企业所得税法》。

1994年分税制改革实施后，对内资企业实行统一的企业所得税，取消原来分别设置的国营企业所得税、国营企业调节税、集体企业所得税和私营企业所得税。

现代企业的税制改革一直到2007年推出新《企业所得税法》推出才告完成，内外企业税制实现统一，实现了市场主体在同一起跑线上竞争。

税收改革助力重塑中央与地方的政府间关系

在计划经济下，地方政府完全没有财政自主权，收入支出都来自于中央的统筹安排。改革开放后，从1980年起，我国财政部门采用“划分收支，分级包干”的财政包干体制，按照行政隶属关系划分中央和地方财政的收支范围。以1979年的收支预算为基数，地方财政收入大于支出的节余部分上缴；地方财政收入小于支出的赤字部分由中央财政进行调剂或补助。分成比例和基数一定，五年不变。除个别税种之外，所有财政收入由地方负责征收，但税基、税率和上缴利润的办法均由中央确定。从1989年起，又调整基数，实行“划分税种，核定收支，分级包干”的财政体制。但财政包干制激励了地方的发展热情，这种财政分权式的改革促进了经济活力的提升。财政包干也带来几个问题，最突出的是“两个比重”的下降，即税收占经济总量的比重和中央税收占总税收的比重下降。其中，中央政府的收入在国家财政收入中所占的比重从1984年的40.51%下降到1993年22.02%。其后果是中央政府的宏观调控能力被弱化，中央财政对地方收入的依赖度提高，这不利于中央调控和全国统一大市场的形成。

1994年税收体制改革，又称分税制改革，引入现代增值税制度，一举建立起与社会主义市场经济体制相适应的税制体系。1994年分税制改革被称之为“新中国成立以来规模最大、范围最广、内容最深刻、力度最强的工商税制改革”。中央与地方划分不同的税种，关税、消费税、中央企业和金融机构的企业所得税为中央税；营业税（不含各银行总行、铁道部门、各保险公司总公司）、地方企业所得税、个人所得税、房产税等为地方税，增值税、资源税、证券交易税为中央地方共享税。限于历史条件，1994年的分税制改革并不彻底，比如税收返还体制，改革方案中以1993年为基期年确定基数，按照1993年地方实际税收和中央地方收入划分情况，核定1993年中央从地方净上划的收入数额，并以此作为中央对地方税收的返还基数。1994年以后，中央对地方财政税收返还数额在1993年的基础上逐年递增，增长率按照全国增值税和消费税增长率的 1 ∶ 0.3 决定。税收返还体制一定程度上加剧了地方财力之间的不平衡。另外，增值税税制实行的是最小税基的生产型增值税，这些都为后来的税收改革预留了空间。

分税制改革后，“两个比重”下降的趋势得以逆转，分享税成为地方政府重要的收入来源，中央政府的财力不断增强。2007 年我国财政收入占 GDP 比重为 20.8%，到 2008 年，中央财政本级收入 32671.99 亿元，占全国财政收入的 53%。后续税制改革在分税制框架下不断完善，继增值税等重要税种的分享，2002 年又实行所得税分享制度，除铁路、邮政、四大商业银行和三大政策性银行以及油气企业缴纳的所得税继续作为中央收入外，其他企业所得税和个人所得税收入由中央与地方按比例分享。2002 年所得税中央分享 50%，地方分享 50%，2003 年所得税中央分享 60%，地方分享 40%。1994 年改革初步建立起现代税收制度，此后又经过 2006 年生产性增值税向消费型增值税转变，2015 年开始的增值税改革试点，2016 年营改增全面推开，现代税制趋于逐步完善。

税收改革有助于重塑政府与公民之间的关系

发达经济国家大多经历了从以间接税为主的税制结构向以直接税为主，尤其是以个人所得税为主的税制结构变迁。间接税的税收效率，无论是征收效率还是经济效率，并不比直接税低，甚至更高。解释这种税制变迁从制度建构的视角更能找到明确的答案，那就是，随着经济发展水平的提高，个人与政府、国家与公民的关系通过直接税征收和缴纳提升到了新的阶段，双方的权利义务关系更加直接，公民通过直接缴纳税收承担了对国家的责任，也增强了对政府的监督激励。直接税涉及直接的利益调整，深刻重塑了个人与政府之间的关系。

在从计划经济向市场经济过度的过程中，直接税是我国较早实现立法的税种，即前文提到的 1980—1981 年立法的企业和个人所得税三个税种。这在当时有其特定的历史原因，是我国改革开放之初为了方便与国外企业与人才对接而较早推出的税收立法。1986 年开始对本国公民的个人收入统一征收个人收入调节税。1994 年，我国颁布实施了新的《个人所得税法》，初步建立起内外统一的个人所得税制度。

其后数次提高起征点：2006—2011 年三次提高个税起征点；2006 年个税起征点由之前的 800 元每月提高到 1600 元每月；2008 年 3 月 1 日起，个税起征点从 1600 元每月提高到 2000 元每月；2011 年 9 月 1 日起，个人所得税的起征点调高到 3500 元每月，并且将工资薪金所得的九级超额累进税率简并为七级。其中，2006 年实施年所得 12 万元以上个人所得税自行纳税申报的办法。2016 年，我国个人所得税收入首次超过万亿元水平，达到 10089 亿元，占总税收收入 7.7%，从 2013 年以来个人所得税收入增速每年都在 12% 以上。从现状来看，个人所得税收入在总税收中的比重过低，调节收入分配的作用没有充分发挥。个人所得税改革从数次提高起征点到简并税率层级，最终目标是建立综合与分类相结合的税收制度。农业税一度在中国税收体系中占有特殊地位。2016 年，国内农林牧副渔业（第一产业）增加值占国内生产总值的比重仅仅为 8.6%，但是全国还有 5.9 亿常住人口生活在农村，第一产业就业人口超过 2 亿人。从大历史视角看，农业税在中国税收史中有着漫长的存在。2006 年 3 月 14 日，第十届全国人大第四次会议通过决议，宣布在全国范围内彻底取消农业税。至此，在中国已经存在 2600 年的“皇粮国税”画上了句号。有学者认为：（徐勇，《现代国家建构与农业财政的终结》）“免征农业税是对以农业财政支撑国家体系的传统时代的终结，也是建立以工商业为支撑的公共财政新时代的开始。”

如果说在直接税里面，所得税是流量收入的一种再分配，财产税则是对存量财富在居民之间、个人和政府之间的一种再分配。财产税改革将是下一步中国税制改革的一个重点，也是建设现代税收制度必须要过的一个坎。

税收改革有助于重构经济发展与环境保护之间的关系

随着经济飞速发展，我国资源环境约束问题越来越突出，环境治理已经成为国家治理的重要内容。以习近平总书记为核心的党中央统筹推进经济建设、政治建设、文化建设、社会建设、生态建设“五位一体”的总体布局，生态文明上升到主要国家战略之一，加快建设资源节约型、环境友好型“两型社会”成为全社会共识。税收在环境治理中将发挥基础性作用，而与其直接相关的是两个税种——资源税和环境保护税。

我国于1984年开始对煤炭、石油和天然气征收资源税，其后铁矿石等部分金属矿产品和其他非金属矿产品逐步被纳入征税范围。1994年1月1日，开始实施《中华人民共和国资源税暂行条例》。2010年，我国决定率先在新疆进行石油、天然气资源税从价计征改革试点，税率为5%，同年12月1日起，又将这一改革推广到西部地区的12个省、区、市。2011年11月1日，将西部地区进行的试点改革推广至全国。2014年12月1日，我国将煤炭资源税由从量计征改为从价计征。2016年5月10日，我国宣布自7月1日起，全面推进资源税改革。水资源税改革已经在河北省开展试点，其他自然资源也逐步纳入资源税的征收范畴，对矿产资源实施从价计征改革。其他改革措施包括清理收费基金、确定税率水平，以及调整优惠政策和收入分配体制等。

2016年环境保护税改革取得新进展，12月25日第十二届全国人大通过《中华人民共和国环境保护税法》。虽然现有的环境税草案只是原有排污费的一种平移，但是从环境立法的角度上，环境税的意义就从环境与发展的经济关系上升到法制关系。排污收费改为环境税，可通过税收的权威性来强化对排污行为的约束，促进国家环境治理能力提升。排污费的征收与我国改革开放后工业化的发展进程紧密相关，1990年开始逐步在全国开征排污费，此后对排污费征收制度进行了不断地探索和完善。2003年国务院公布实施的《排污费征收使用管理条例》，加快了环保法制化进程。2003—2015年，全国累计征收排污费2115.99亿元。原有的排污费以及根据税负平移原则实施的环保税的征收标准和征收率都偏低，而且范围过窄，难以有效应对当前日益严峻的环境保护形势。

直面挑战，促进国家治理体系现代化

十八届三中全会以来，作为现代财政制度的重要内容，税制改革稳步推进，取得了世人瞩目的成就。2016年“营改增”全面试点推开，实现覆盖三大行业，链条抵扣不断完善，特别是在公认的难点领域金融业推广实施，使我国的增值税改革处于世界领先地位。2016年“营改增”减税超过5000亿元，有力地支持了供给侧结构性改革。如前文所述，资源税和环保税改革不断推进。与此同时，我国积极参与国际税收改革，国际税收协调和税收合作不断取得新的进展。2017 年 6 月 7 日，国家税务总局局长王军代表中国政府签署《实施税收协定相关措施以防止税基侵蚀和利润转移（BEPS）的多边公约》，这是 BEPS 公约首次联合签字仪式。2015 年以来，金税三期在各省陆续正式上线，系统管理过亿纳税人。这也预示着税收进入大数据管理时代，税收征管现代化进程加快。

毋庸讳言，现代税收制度建设也面临诸多挑战。税收立法进程缓慢，目前只完成三个税种实现立法，参与税收立法人力资源储备不足，人才匮乏，任重道远。房产税立法滞后于预期。其次是企业税费负担重成为社会热点。实际上，近年来中央政府大力实施结构性减税政策，减税力度很大，仅“营改增”减税超过 5000 亿，但是普遍感受不明显，因为增值税的抵扣链条决定，“营改增”的减税是一种普惠式的减税，全国共有企业数千万家，每个企业的户均减税数额不大，因而感受不明显。另外，“营改增”之后，新出现“一税独大”问题，增值税占 60% 以上，税制结构中间接税占比过高，间接税里面的增值税占比高，财政收入对单一税种的依赖性增强。

虽非坦途，但建设现代税收制度之路是光明的。下一步的改革应致力于平衡效率与公平，建立广覆盖的税基，利用现代化的征管手段，在大数据和云计算的环境下的加强税收征管。大力落实税收法定原则，不断加强税收立法人才储备，凝聚社会共识，扎实有序推进税收立法工作。现代税收体制将在保障财力，满足民生诉求、政府运转，为实现社会公平，构建社会安全网，提供社会保障能力等方面发挥关键作用。与此同时，税收还是重要的政策工具。在应对经济周期波动与促增长方面，发挥税收自动稳定器作用，实现经济的逆周期调节。

新视野

蔡　昉　中国社会科学院学部委员，经济学博士。著有《蔡昉论文选》、《中国的二元经济与劳动力转移——理论分析与政策建议》、《十字路口的抉择——深化农业经济体制改革的思考》、《穷人的经济学》、《中国劳动力市场发育与转型》、《刘易斯转折点——中国经济发展新阶段》、《中国的奇迹：发展战略与经济改革》（合著）等。

劳动力市场改革的逻辑与未来

蔡　昉

国外经济学家对中国奇迹的误读

40年来，中国经济取得了巨大的发展，也遇到了很多挑战。总体来说，绝大多数经济学家都高度赞誉中国奇迹。然而，在理论上对改革开放成就进行解释，话语权却不在中国经济学家这里，许多错误的解读，甚至从经济理论上唱衰中国。不认清这些，就不利于我们真正找准中国实践的国情特色，也不利于我们真正总结出一般性的经济社会发展规律，从而更好认识改革面临的挑战和指导未来的改革。

在过去这些年来，在经济学这个学科里，在理论上对中国经验的解说具有影响力的观点，主要可以归纳为三种，被国内外很多经济学家所引用，或多或少还在影响着我们的思考和判断。

第一是诺贝尔经济学奖获得者哈耶克的观点。他指出，有一类社会变化实际上“是人类行为的意外结果”。其含义就是尽管你并没有朝着某个既定的方向去努力，结果靠瞎碰无意中达到了那个目标。说得通俗一点，有心栽花花不发，无心插柳柳成荫。这种观点，很多经济学家都还在引用，认为哈耶克的表述在中国得到了最典型的印证，中国就是无心插柳柳成荫的改革结果。

第二是世界银行曾任的首席经济学家钱纳里的观点。他认为，一个国家如果认识到了它的体制弊端并进行改革，消除制度弊端，即便不存在发展所需的必要条件，也能实现加速发展。这句话也被一些经济学家用来描述中国过去实现的高速发展，认为中国并不具备发展的必要条件。但这种观点容易让人困惑，如果“不具备发展的必要条件”，那这 40 年来中国经济的高速发展又从何而来？这就为下面的观点留下了伏笔。

第三是我概括的“克鲁格曼—扬诅咒”。保罗·克鲁格曼和埃尔文·扬这两位经济学家都发表过大量研究成果，唱衰东亚经济和中国经济。两人都是严肃的学者，在经济学界的地位很高，而且两人在这个问题上合作得天衣无缝。他们的出发点和理论逻辑是，当不知道特定经济体和特定时期的经济源泉是什么的时候，经济学家承认改革可以促进经济增长，但认为这仅仅是因消除制度弊端导致的，只是经济增长回归生产可能性边界的一次性效应，很难有持久的高速经济增长。

1993 年，世界银行发表一份报告，称东亚经济模式及其导致的高速增长为“东亚奇迹”，引发了“克鲁格曼—扬诅咒”。从 20 世纪 90 年代起，克鲁格曼、扬等经济学家就开始批评东亚发展模式，认为东亚所谓四小龙只不过是纸老虎，只有生产要素的投入，没有技术进步，没有生产率的提高，不是什么奇迹，也不可持续。1994 年，林毅夫、蔡昉和李周写了《中国的奇迹》一书。接下来，他们又转向批评中国，认为中国也会像四小龙一样，不可能有可持续的发展。

林毅夫讲过一件轶事。2000 年的时候，新加坡李光耀问诺贝尔经济学奖获得者克鲁格曼：“你说我们新加坡仅仅靠高积累、高投资，经济发展不可持续，但我们 40 年来储蓄率接近 50%，资本回报率并没有下降呀。”正如在这个故事中李光耀所追问的，克鲁格曼、扬所说的中国经济发展模式不可持续，问题是持续多久才算可持续？到今天，中国经济已成功地持续发展 40 年。下面，我将从中国的改革开放如何主动清除制度障碍，促进劳动力重新配置，进而创造经济增长的角度，分享我对上述不恰当理论及其应用的思考。

中国发展的充分条件与必要条件

中国40年来取得的经济发展，在我看来，充分条件是改革开放，必要条件归根结底就是人口红利。过去占主流的经济理论，不管声称自己属于哪个学派，使用的大都是新古典增长理论。这个理论假设劳动力是短缺的，资本报酬必然要递减。即便有资本积累可以给一个国家提供赶超发达国家的机会，但根据有些人的测算，可能要花一两百年才能实现与发达国家的趋同。这个观点其实很悲观，意味着后起国家找不到经济发展的必要条件。

但是反观中国，过去40年实际GDP总量增长29倍，人均GDP增长20倍，城乡居民消费水平提高16倍，同时这个16倍是由劳动生产率增长16.7倍来支撑的。中国的经济增长不仅时间长，而且非常快，这样的经济增长一定是有来源的，我归结为人口红利。

人口红利不仅仅是个禀赋，因为世界上具有潜在人口优势的国家不仅只是中国，非洲也有人口红利，印度也有人口红利。只有在经济进行改革和开放，并且在这条路上走对了的时候，才可能把潜在的人口红利转化为经济增长的源泉。因此，我想强调的还是改革本身。

从数据上看，中国形成潜在人口红利的时期与改革开放的时期完全重合。15岁到59岁的劳动年龄人口数量增长最快的时期始于20世纪70年代末和80年代初，一直持续到2010年。与此同时，非劳动年龄人口，也就是说，15岁以下和60岁以上的人口的数量增长几乎是停滞的，两组人口的增长趋势在这个期间形成剪刀差状。正好在我们的人口变得越来越有生产性，人口抚养比越来越低的期间，改革开放深入推进，这两者之间的高度重合意味深长。

通常，经济增长源泉可以用诸如生产函数等方法从统计意义上进行分解，等式右边包括生产要素投入和生产率提高等变量。根据我们的分析，中国高速增长时期的贡献因素主要是：资本积累、劳动力数量和质量的改善，以及全要素生产率提高。中国40年的平均增长水平达到9.7%，对这个增长做具体的构成分析，可以发现最大的贡献部分是资本积累。很多中国经济学家也都这么认为，包括克鲁格曼和扬也是主要看到的是资本积累的作用。经济增长需要要素的投入，自然包括物质资本的投入或资本的积累。

实际上，资本的积累本身也体现着人口红利的因素。一个特定的经济发展时期，人口结构特征可以成为资本积累的重要支撑。为什么？第一，因为劳动年龄人口不断增长、人口抚养比不断下降，造成一个生之者众、食之者寡的人口结构，可以使剩余得到储蓄、积累，进而变成投资。第二，资本投资需要回报率来维持，而在中国这个发展阶段上，刚好劳动力几乎无限供给，资本的投资也不会因为扩大而出现报酬递减。事实也证明，过去几十年，中国的资本回报率相当高。有这两点做支撑，资本积累对中国经济增长做出了巨大的贡献。

劳动力供给充足对经济增长带来的好处。首先当然是劳动力数量的贡献。不仅如此，劳动力的充足供给，即数量上不断有新生劳动力成长且不断进入劳动力市场，意味着有更高人力资本的劳动力增量，可以不断改善劳动力存量的人力资本，因此人力资本也因人口红利得到了改善。

伴随有效的生产要素投入，还有生产率的改善，其中主要表现为资源重新配置效率。在这些年中，随着中国产业结构的调整，很大规模的劳动力从生产率低的（农业）部门转向生产率高的（非农）部门，资源配置得到改善，生产率相应得到提高，无论是劳动生产率还是全要素生产率，都有明显的提高。1978—2015年期间，中国的劳动生产率共提高16.7倍，其中50%多来自于一、二、三产业自身劳动生产率的提高，还有40%多来自于一、二、三产业之间的资源重新配置，也就是劳动力等资源按照生产率原则发生流动。

正是因为这些人口红利的表现，使得生产要素供给和生产率改善，可以支撑中国经济的高速增长，我们估算中国自改革开放以来到2010年的时期，年平均潜在增长率可以达到10%左右，而2010年人口红利消失以后，潜在增长率自然会下降，估计的潜在增长率，“十二五”期间平均为7.6，“十三五”期间平均为6.2%。

中国劳动力市场的关键改革

我们进一步来看，40 年来把人口红利从一个潜在的经济发展条件转变为真实的经济增长源泉，我们的劳动力市场究竟起了什么作用，其中涉及了什么样的体制改革。整个过程历时很久，涉及的范围十分宽广，我着重根据自己的研究领域来解释中国劳动力市场改革重点解决的三个问题，即获得离开低生产率农业的退出权、在城乡、地域和部门之间的流动权和城市部门的进入权。

（一）农村劳动力得以从剩余状态退出

劳动力如何从剩余状态，也就是从生产率极低的农业退出来，这是一个很重要的体制变革任务。过去我们研究农业经济，会提到人民公社体制缺乏激励、没有效率。因为人民公社给每个社员确定一个不变的工分值，在集体劳动中计出工天数，年底不管是打下多少粮食，最后就按工分值和出工数进行分配。只要每天出工，不管干与不干，干得好与干得不好，都是不变的工分。在这种情况下，如果一个成员偷懒，对生产队的总产出造成损失，他却不会全部承担这个结果，而是由全队的人共同承担，因此许多人会倾向于不努力工作。

出工不出力也被有些学者称为一种退出方式。因为原有的激励机制无法激励人们去努力工作，又不允许实际上的退出，既不许外出打工，也不许搞资本主义尾巴的副业，唯一的办法就是偷懒，这本质上就是一种退出方式。但是改革以后，每个农户获得了资源的配置权利，你可以自己决定干多少时间，在什么时候干，剩余的劳动力就可以真正退出来。因此第一步，农村的改革赋予了农民把劳动力退出生产率低的领域，也就是重新配置剩余劳动力的权利。

（二）转移劳动力跨部门跨地区流动

农民从土地上退出来了，应该和能够去哪儿？随着制度约束的不断解除，农民便从过去的“生产队社员”，变成一个有自主决策权的农户。人民公社被废除以后，农民首先从以粮为纲转向种植业乃至农林牧副渔的全面发展，农业生产得到很快发展。再后来，他们又离土不离乡，进入乡镇企业就业，即转移到了本地的非农产业当中。但是，一度还没有离开乡村。

之后，政府又允许他们长途贩运农产品，第一次突破了经济活动的地域界线，以及自带口粮到邻近的城镇去就业，第一次突破了就业的城乡分界。再后来，粮票制度被取消，农民可以进入到小城镇、中等城市，甚至大城市，从中西部地区大量流向沿海城市居住和就业，几乎可以实现充分的流动。

（三）城乡劳动力市场一体化

最初，农村剩余劳动力虽然可以转出来，但是转出来就只能在乡镇企业就业，想进入城市却由于没有户口，没有粮票等票证，也得不到公安局的认可，且由于国有企业尚未进行劳动就业制度的改革，所以也不敢和不能雇用外来人口。因此，改革之初并没有真正意义上的劳动力市场。

劳动力市场的迅速发育，得益于20世纪90年代末期在城市发生的重大劳动就业体制改革。国有企业改革打破了城市职工的大锅饭，大批职工下岗失业。虽然一度付出了很大的代价，但从此之后，劳动力市场得到了迅速发育。城市的下岗劳动者想回到岗位上，必须通过劳动力市场。虽说他们会得到政府的扶助，但主要渠道还是劳动力市场。同时，新成长的劳动力即刚毕业的学生，也不再能够靠政府分配工作，全部要到市场上去寻职。与此相应，从农村进城的劳动力也就跟他们一起，具有了竞争同一个岗位的同等权利。

虽然直到今天，还存在着户籍制度，劳动力市场还有很多制度性的约束，无法实现劳动力的完全自由的流动和进入，但剩余劳动力通过退出、流动和进入等权利的不断获得，中国的劳动力资源得到了重新配置，促进了生产率迅速提高和经济的长期高速增长。

在劳动力市场改革的过程中，中国创造了很多特殊的经验，避免了苏联东欧国家劳动力市场改革中出现的困境。虽说苏联东欧并不具有显著的剩余劳动力，也不是典型的二元经济，但是那里也有企业冗员，生产效率也比较低，因此面临改革决策时，通常就会采用两种调整方式：一是数量调整，本质上就是裁员，结果导致大规模失业；二是价格调整，也就是降低工资，这种方式虽较少造成失业，而是着眼于以价格调整的方式把冗员出清，但却导致生活水平的下降。这两种方式都导致一部分人在改革中受损。相比之下，中国的渐进式劳动力市场改革，避免了这两种方式带来的问题，总体上实现了改革开放成果的分享。

（四）未来的劳动力重新配置

在中国40年的改革开放过程中，随着产业结构的不断调整，农业劳动力的总量不断地下降。然而，官方统计数字表明，中国农业劳动力比重仍然高达28%左右，这不太符合逻辑。经过这么多年劳动力市场发育，大量农民工进城，形成大约1.7亿的农民工存量，中国农村劳动力的转移被称作人类和平历史上最大规模的劳动力流动，数字上竟然显示仍有接近30%的人在农业中就业，显然是说不通的。并且，按照统计局的中国农业劳动力比重数据，似乎这些年劳动力大规模转移，产业结构调整的速度和效果，大大不如日本和韩国在类似发展阶段上的变化，这在道理上也是说不通的。

于是，我和同事进行了一些估算，结合自己的一些微观调查和观察，发现中国的劳动力资源重新配置的效果是显著的，那就是农业劳动力大规模转移，其比重大幅度下降，城镇就业的人口构成也相应发生了变化。首先，估算的农业劳动力比重2015年大约为18%，要比统计数据低10个百分点左右。其次，2010年之后，城市就业虽然仍在扩大，其构成却大不一样了，城镇户籍人口的劳动力市场占比开始下降。这个变化和人口结构的变化完全一致。城镇户籍人口中劳动力数量在减少，每年新增就业从何而来呢?

其实是从统计中来的。由于我们把越来越多的农民工计入到了城市就业统计中，保证了城市就业从数字上看仍在继续增长。即便如此，也还有大量的农民工虽然也在城市就业，却并没有统计进来。

我想特别强调的是，不管在城市就业的农民工有多少未被统计进来，我们的城市就业在总量上已经开始趋势性下降。这是今天面临的一个重大挑战。如果说中国经济过去的增长很大程度上是靠人口红利，具体表现为劳动力重新配置，未来这个有利因素将消失，而且最终会成为负贡献，这会直接导致我们的潜在增长率下降。事实上，这个趋势最早在2012年就已经表现出来。

2016年，中国的人均GDP达到8260美元，属于中等偏上收入国家。预计未来 5 年，人均 GDP 将要跨过 12200 美元这个门槛，进入高收入国家行列。根据国际经验，即无论与高收入国家相比还是与今后五年需要赶超的国家相比，中国的农业劳动力比重仍需保持继续下降的势头。城市化水平的提高也是一样。

也就是说，劳动力重新配置的过程还远远没有结束。但是，以农民工支撑的城市化的确已经后继乏力。问题出在哪里呢？从人口数字上看，中国农村 16 岁到 19 岁的劳动年龄人口于 2014 年达到峰值，已经开始负增长。这个年龄段的人口就是农村每年初中和高中毕业的学生，他们毕业以后唯一的出路就是进城打工。

除了他们，还有没有其他农村人口进城打工呢？答案是否定的。目前中国的农业劳动力都已经在 40 岁 50 岁以上，以后如果没有特殊政策或投奔子女，他们不会再向城市转移。城市每年新的劳动力增量，主要就是农村 16 岁到 19 岁的毕业生们。过去两年，每年进城农民工的数量基本上停滞，每年只增加大概 30 万人左右，与 1.69 亿的农民工存量相比可谓微不足道。

我最近做了一个统计模拟，虽然较为粗略，但都是真实的数字。现在，每年大约有 3600 万 16 岁到 19 岁的农村人口，我们假设他们全部选择进城打工。然而，从外出农民工的数字上，却看不见任何实际增量。那就是说，一定有几乎同等数量的人在离城返乡，从而抵消了这部分人口。我们知道，40 岁到 64 岁的农民工具有比较高的返乡意愿或概率，这部分人数目前是 7400 万，如果他们有 50% 左右的返乡意愿或概率，正好是 3700 万人，跟每年要进城的新成长农民工不相上下，相互抵消后两者之间形成一个暂时的均衡。

中国未来如果还想保持更高质量、更有效率、更加公平和更可持续的经济增长，仍然需要依靠劳动资源的重新配置。也就意味着，上述均衡要朝着有利于农民工在城市留下来的方向变化，即政策上要更加有利于降低农民工的返乡意愿，一方面，我们要通过改革增加城市劳动力的净流量，这就需要贯彻以人为中心的发展思想，实现户籍制度的突破性改革，让农民工成为真正意义上的城市居民。党的十九大明确要求，要破除妨碍劳动力和人才社会性流动的体制机制弊端，加快农业转移人口市民化。这样，就可以把劳动力从低生产率部门向高生产率部门大规模转移带来的资源配置潜力充分挖掘。

另一方面，越是在发展方式转变、产业结构优化升级和增长动力转换的攻关期，越是要加强社会保障和社会政策托底。作为提高全要素生产率的下一步重点，资源重新配置终究要越来越集中到行业和产业内部的企业之间。劳动力的资源重新配置既会对全要素生产率提高做出贡献，同时也会带来一定的副产品，有些企业会因为劳动生产率太低而退出，因而有些职工会遭遇摩擦性、结构性失业，这就需要我们在劳动力市场的进一步改革中，加强劳动力市场制度的建设，加大社会保护的力度，从而为中国未来的可持续增长提供新的支撑。农民工只有成为市民后，得到更好的政策托底，才能适应这个新的创造性破坏过程。

李　振　同济大学马克思主义学院教授、博士生导师。著有《解构与解构的马克思主义》、《社会宽容论》、《货币文明及其批判——马克思货币文明思想研究》、《社会进步运动的历史逻辑——中国共产党九十年发展历程的当代反思》等。
鲍宗豪　华东理工大学人文科学研究院教授、博士生导师。著有《邓小平方法论导论》、《网络与当代社会文化》（主编）等。

大数据时代的“云治理”

李　振　鲍宗豪

当今世界，信息革命日新月异，网络融入经济和社会发展的各个方面，互联网已经进入“大智移云”（即大数据、智能化、移动互联网和云计算的统称）的新时代。云计算、大数据是网络化发展的客观结果，必将使得信息网络运行的所谓“虚拟性”进一步还原和强化为信息处理的计算机本质。云计算和大数据散发的魅力使得整个社会运行对科学的依赖程度越来越深。在大数据时代，依托于大数据的“云治理”就成为社会治理的一种新模式。

一、大数据对“社会治理”的新挑战

纵观全球，美、欧、日等发达国家纷纷实施了“大数据”的战略部署。“云计算”在美国政府的政策和战略中扮演越来越重要的角色。2011 年发布的“联邦云计算战略”，明确提出“云优先”策略，旨在推动联邦政府服务向大数据、云计算迁移。欧盟已将研发和推广大数据、云计算技术列入“欧洲 2020 战略”，使之成为“欧洲数字化议程”的重要组成部分。日本内务部和通信监管机构计划建立一个名为“霞关云”的大数据、云计算基础设施，已在 2015 年完工，以支持政府运作所需的所有信息系统。韩国则计划将大数据、云计算市场规模扩大到现有的四倍，并积极争取相关标准的主导权。

可以说，面对大数据的时代挑战，发达国家的发展战略更为明确和强势，目标在于处理纷至沓来的海量信息。仅以欧盟为例，每一分钟都在制造多达 1700 万亿字节的信息，这些信息如果储存在 DVD 光盘上，则需要 36 万张光盘。而大多数发展中国家应对挑战的能力则相对较弱，问题的重点在于缺乏或没有使用当地语言并符合当地需要的内容。生产不出立足当地的高质量的内容，不仅阻碍了“大数据”的增长，而且还会破坏“规模经济”，并进而影响兴起中的信息基础设施项目的可持续性发展。可以说，大数据正在对我国社会治理模式提出一系列的挑战。

1. 社会运行结构及其治理模式的新挑战

随着大数据、云计算日益进入公众视野，我们对其的关注也从技术、经济领域，拓展到更多的领域。在政治方面，大数据的发展程度和利用方式改变传统的政治生态，促进网络政治、网络民主的全面升级，并直接导致现实政治的转型；在经济方面，大数据已经成为一种强大的经济资源，备受企业界关注，也催生出了新的经济形态；在社会方面，大数据促进了社会结构转型，改变了社会成员的生活方式，对于社会阶层和结构的流动起着重要的推动作用；在文化方面，大数据越来越成为文化发展的承载系统，促使文化生产、传播方式的彻底变革，促进文化资源的产业化和事业性发展；在军事方面，现代军事发展越来越依赖大数据的开发和运用，大数据成为衡量一个国家军事国防能力的关键要素；在科技方面，大数据的发掘和运用成为现代科技水平的重要衡量标准，也成为国际竞争力的重要标志。

大数据带来的变化日新月异。今天，我们利用大数据，分析不同买家的信息和行为，就可以方便地找到买家，赋予那些准备花钱的人以优先权。这些问题，以后将不再是一个“技术或经济或社会”现象。对行为进行“为什么”的分析和比较，会产生新的社会研究成果，进而对整个社会建构及其运行模式产生直接的深远影响。

2.“社会治理思维”的新挑战

长期以来，我们对经济、社会进行研究的“实证数据”，主要源于抽样数据、局部数据、片面数据。在无法获得“实证数据”的时候甚至纯粹依赖经验、理论、假设和价值观去探索未知领域的规律。许多研究认为，大数据、云计算对经济和社会运行的传统方法提出了挑战。因为经济学、社会学所运用的许多方法，往往只有在“稳定”的条件下，才能够发挥最大的作用。当社会结构不稳定，尤其是出现越来越多的流动性和碎片化问题时，传统的测量和控制工具、软件也就失灵了。例如，在消费者、参与者越来越“碎片化”的情况下，市场营销、社会抽样方法的误差率会越来越高，越来越无法保持应有的真实性、可靠性。社会结构模式的流动性、弱结构性、碎片化，使得抽样设计难免产生误差。只有不断扩大样本数量，才可能控制误差。因此，大数据、大样本逐渐成为社会统计、调查方法不断适应时代变革的一项新要求。

显然，这不仅仅是对研究方法、测量方法的挑战，更是对人类思维方式、认识方式、行为方式的深刻变革，最终将引发社会实践方式的变革。大数据的来临使得“数据”之于社会发展的意义更加重大。大数据使人类第一次有机会和条件，在经济、社会、政治和文化等领域，获得和使用更全面、更系统的数据，从而能够深入探索现实世界的规律，获取过去不可能获取的知识，得到过去无法企及的创新和发展机会。

3.“社会治理风险”的新挑战

“大数据”带来无所不在的社会风险。面对这些风险，哪些方面需要规制，哪些方面不需要规制？不同技术发展水平和不同思想观念的国家会采取截然不同的行为。21世纪初，伊朗发生“震网”病毒事件，其基础核设施受到大面积破坏。这说明“关键基础领域”已经成为网络武器的专门攻击目标。斯诺登事件的发生揭示出，美国利用高新技术，大规模地实施网络监控，大量窃取其他国家的政治、经济和军事秘密，以及企业、个人的敏感信息，甚至远程控制其他国家、组织和个人的重要网络信息系统。

在现实生活中，无论是环境保护、天气预报，还是社会治安、海外反恐，大数据几乎无所不能。但是，“大数据”之“大”，并非“完全理性”所能预知、判断和决定，其中内涵了各种复杂、偶然现象和风险。大量数据泄漏风险和网络安全事件的处置难度增加，已有的网络应用在各种常见弱点及其防护方面应该积累更为丰富的知识，只有这样才可能真正适应新技术扩展和应用所产生的新需求。因此，大数据时代的社会运行（控制、管理）的复杂性、艰难性，要求我们对社会（包括网络社会）变化发展的风险加强预测和分析，建立监测灵敏的社会反应和治理体系。这对于当前处于全球化、大数据化以及转型过程中的中国社会治理、和谐社会的建构来说，具有十分重要的意义。就重点内容而言，有针对性地基于大数据时代的客观现象、崭新特征，构建社会风险预警机制、风险管控机制，是当下中国社会治理的必要内容。

在许多情况下，我们对于网络虚拟社会及其惩戒机制的构建，仅仅是一种事后的管控和处理。“事前”的预判和解析则较为缺乏，而这无疑是更为重要的。大数据时代开创了一个基于“数据计算”的现实世界和虚拟世界相互融合的新时代，“大数据”的各种行为评价直接反映并影响现实生活的各个领域。就此而言，基于现实生活的各种观察和判断，从现实生活入手，在整个反应体系下，解析大数据时代可能出现的各种风险问题，是我们更为现实的“风控”思路。当然，这一思路的真正实施，还必须寻求大数据的各种证据进行证明和支持。

4.“社会治理主体”的新挑战

大数据时代使得数据更为自由地流动和共享。这对传统的治理主体产生直接的挑战。社会治理最权威、最主要的主体就是政府。但是，随着信息资源、信息权力的共享化和普遍化，这种“治理主体”的权威性受到越来越强烈的质疑，反映出人们对于“云治理”模式的新诉求。“电子自由主义者”声称，网络以及相关技术将增强个人的力量，从而使得政府无足轻重，数字货币和电子商务将使政府收税和对经济的管制变得越来越困难，无法分割的因特网将使得政府无法防止许多非法的行为，包括逃税、幼儿色情、窃取商业秘密、窃取私人信息（如病历）等。其结果必然促使政府接受挑战转变职能。

纵观当下的“云治理”现实，政府职能的转变是一个过程，在不同地区这一过程的完成又是不一致的，转变过程中政府的“经济建设”与“公共服务”职能、角色常常会有矛盾和冲突。其中，社会治理主体也不再完全通过“行政控制”的手段来解决社会问题，而是通过服务的手段来营造良好的社会秩序和经济社会发展环境；在治理行为模式上也不再是一个“权力支配”过程，而是努力塑造一种治理主体之间、治理主体与治理客体之间普遍合作的行为模式。

在创新社会治理、加强社会建设成为全国各地政府共识和行动逻辑的背景下，我们必须直面大数据对“社会治理”带来的挑战，变压力为动力，借助“大数据”、“云计算”的力量，创新社会治理。

二、大数据条件下“云治理”模式的价值

大数据时代的来临，无疑是伴随着“数据”向“大数据”的转化进行的。虽然对大数据时代的理解不能局限于概念和技术，而应该引申至文化、哲学、社会学、政治学、管理学等诸多领域，但是无论如何引申和扩展，其本身所具有的“云技术”特征，依然是最稳固、最鲜明的核心根据。

1.“云治理”概念成立的前提

大数据时代的来临非同小可，“大数据”将改变商业运作、政府管理、生活方式和信息的积累，促使整个社会发生伟大的变革。政论家认为，“大数据的民意和政治”将开启网络民主的新时代，执政者应该适应大数据时代的要求，积极应对“快速自由”的民意，善于应对各种“民意事件”；媒体专家认为，大数据时代使得任何有关“民生问题”的信息传播，都有可能引发公共危机事件；信息技术专家认为，新的“移动革命”将产生“移动形态的大数据”，最终产生“移动性质的信息爆炸”。与传统的固定居所、固定空间的信息传播形式不同，真正的“流动性大浪”将把世界淹没，社交媒体公司的传统模式将出现衰退趋势；哲学家认为，大数据开启了一个新的流动性“时间坐标”，开启了一个“信息时间”无所不在、到处侵扰的新型的现代性存在形态。

表面上，“大数据”仅仅是对社会存在的“数据状态”的一种描述而已，本身谈不上什么更深刻的含义。如果使“大数据”真正得以应用，还必须与“云计算”相联系。传统的数据处理方式已经不能适应大数据的收集、整理、储存、检索、共享、分析等多重功能。倘若不加整理，所谓的大数据的网络空间就会成为“塞满垃圾信息的旷野”。显然，“大数据”的存在依据是技术信息的飞速膨胀。但是，这里的技术信息并非纯粹的技术性范畴，而是已经与全球化的生活、生产紧密地融为一体。从经济到文化、从意识形态到社会治理、从政治到国际关系，“大数据”之所以能够在其中发挥着越来越重要的作用，关键就在于大数据背后所隐含的“云计算”。对海量的、多样化的“大数据”现象进行“云计算”，可以快速获得各自所需的有价值信息。在这个意义上，拥有“大数据”是一种“资料前提”，更是一种“资源前提”。显然，“云治理”概念成立的前提，是网络化资源、服务的不断增加。其中，“计算机化”则是促使“云治理”走向社会、走近民间的一个关键性的技术应用和操作概念。“计算机化”“数字化”是网络化的技术前提与基本保证。

“大数据”的真实价值隐藏于各种各样、毫无规则的数据之下，要发掘数据价值、征服“数据海洋”，关键性动力就在于“云”的逻辑计算能力。随着数据总量呈几何级数增长，处理数据的技术将跨越式提升，“算法”会更加简明、高效，不仅软硬件升级，人类对数据的认识也不断深化。数据量扩展并不等于一个公司或机构具备拥有和利用大数据的前景，能够进行数据的深度发掘与关联性建构才能称得上拥有大数据。也就是说，在 20 世纪末，我们讨论互联网时代的社会现象时，最大的关注点就是对世界各种各样的信息化、网络化现象的判断与反思。而今天，我们讨论的问题是，社交网络、电子商务与移动通信把人类社会带入了一个以 PB（即 1024TB，1TB = 1024GB）为单位的“结构化与非结构化”的各类“数据事实”的新时代。从“数字”到“数据”，再到“大数据”，本身已经不再专属于“技术发展”的范畴，而是能够反映社会发展（尤其是经济运行）方式变化的重要线索。通过“大数据”，我们可以看到个体化存在、群体运动和社会运行诸多崭新的特征。

2.“云治理”新模式的价值选择

“云治理”作为社会治理新模式价值选择的逻辑依据在于：以超越社会传统治

理的逻辑形式，实现“社会治理主体”的社会化，通过互联网的技术平台，实现更为高效地分享公共信息、公共服务的社会职能，促进解决社会资源闲置和无效的社会难题。在传统的社会治理模式中，“主控性的社会治理”成为最突出的特点，而大数据促进了公共信息、公共资源乃至私人闲置资源的分享与流动，这对社会治理提出了更为严峻的挑战。这意味着，纯粹的“公私界限”分立的“治理模式”，尽管在逻辑上成立，但在“云治理”的视野下，将遭遇共治、共享的新价值观念和庞大社会需求的冲击。

三、“云治理”：社会治理模式的现实应用

讨论“云治理”的初衷在于其具有明显的应用价值，代表着社会治理发展的一种新趋向。在这个意义上，大数据条件下的“云治理”，本身的意义不在于拥有或显示“一大堆数据”，而是为了让社会运行更为有序，社会服务更为高效。

1. 发挥政府在“云治理”中的主体作用

尽管政府受到强烈的挑战，但是，作为社会资源和社会服务的主要承担者，政府应在“云治理”中发挥主体作用。仅就上海市而言，2010 年上海制订了“云海计划”，通过应用示范的推动，把上海建设成亚太云计算中心。上海市“十二五”规划把“智慧城市”作为最重要的目标，通过数字化、网络化和智能化加强和推进城市管理、民生改善、经济发展。具体来讲，就是利用信息通用技术来感知、分析和整合，并智能地应用于交通安全、城市服务、民生等现代信息服务领域。“智慧城市”是一个城市文明程度和竞争力的名片，更是社会治理模式转型的名片。在智慧城市建设中，云计算这种 IT 的形态发挥了关键作用，它可以把资源充分整合，可以为企业、市民、个人提供灵活的应用，也可以节省资源、降低成本、激励创新。

政府应该把大数据条件下的“云治理”看成是社会更有效管理自身的工具，它不仅会提高政府工作的效率，还能使公民更多地参与决策过程。

2. 拓展“云治理”的全球视野

“云治理”的空间范围和逻辑特征，已经远远超出了物理学、地理学意义上的国界，一定程度上具有了“全球治理”特征。尤其针对“流动性”、匿名性极强的违法犯罪行为，如跨国经济案件、刑事案件和恐怖主义等，特别需要全球治理的视野和手段。针对个体自由、个人发展和国家治理的网络解决方案，应该具有全球性，因为信息化的本质已经突破了原有的国家、地域界线，不能仅仅用于维护某个国家、某一群体的利益。如，一个人在德国通过加拿大的网络服务商购买了一个美国软件，哪国的法律适用于该交易？如果购买者碰到问题又应该找谁呢？显然，要解决这类问题，就必须注重网络技术的全球公益性和基础性，形成全球通用的网络安全观，构建一个基于全球文明、和谐、自由、平等的“云治理”网络安全体系。

3. 调动普通民众、非政府组织参与“云治理”的积极性

当经济发展到一定阶段后，政府应该适时转变国家治理、区域治理、城市治理的目标和机制，即确立“社会目标”优先于“经济目标”的原则，依靠现有经济基础和能力，反哺社会，以促进经济与社会协调发展。更为重要的是，政府应顺应全球社会公共管理新趋势，大力鼓励和引导普通民众、非政府组织积极参与到社会治理的各个方面，共同促进“云治理”的社会化发展。也就是说，“云治理”不再是纯粹的“政府治理”，而是要彻底改变政府集社会管理和兴办社会事业于一身的格局，鼓励非政府组织及普通民众参与社会治理，强化社会参与自我管理能力，提高社会自组织能力。

例如，在司法治理方面，现代社会中的司法部门在信息装备上进行了大量投资（计算机系统、网络、无线通信系统，等等），警察能够追踪和了解可能的犯罪行为。再如，寻找失散儿童的国家中心网站，是帮助寻找失散儿童的重要资源。如果缺乏个人和大量非政府组织的积极参与，“云治理”依然不可能走出传统“中心控制”的模式。

4. 从“云治理”走向“全面治理”和“微治理”

政府部门应从经济、社会、政治转型的高度出发，充分发挥大数据的资源效能，为广大民众提供高质量的公共产品和公共服务，尤其要为各种市场主体提供良好的发展环境与平等竞争的条件，为社会提供安全和公共产品，为劳动者提供就业机会和社会保障服务等。

如在教育资源的拓展方面，大数据条件下的“云治理”不仅将提高教育质量，而且将对公立学校体系提出挑战。各种数据化的教学材料提供了一些老师在课堂中所不能讲授的东西。这些资源无论在公立学校、私立学校，还是在家里都能获得。越来越多的儿童在家里接受教育，这反映了新工具使父母在家教育孩子变得更容易。

这里所说的教育以及公众健康、疾病控制等公共服务，更具有私人定制的特点。这些公共服务是大数据时代“微治理”的重点所在。“微治理”不仅能建立市民利益的表达和反馈渠道，让市民享有充分的知情权、参与权和发展权，更重要的是为“不同”的服务对象确定“不同”的服务内容。不同的人群面临完全不同的医疗、教育、养老、最低生活保障、就业等方面的问题，要及时、有针对性地为这些“不同人群”排忧解难。这是“云治理”走向“全面治理”“微治理”的重要内容。显然，这里的“治理”本身就意味着“服务”，而且是“细致入微”的服务。这类性质和内容在缺乏“大数据”应用之前，不可能普遍化，而在大量运用了“大数据”之后，可以实现更精准、更便捷的服务。

5. 发挥“云治理”的风险治理功能

“大数据”条件下的“云治理”可以帮助公众抵抗没有预见到或无法预计的各种风险灾难，增强应急防控的效果。例如，美联邦应急管理局的网络站点是美国公众预防地震、洪水和飓风的重要信息来源，它为那些房屋或者个人财产遭到自然或人为灾难毁坏的人提供在线支持。站点将美联邦应急管理局的雇员、州和地方紧急事件预防办公室以及公众联系在一起。同样，针对社区工作而言，通过“大数据”条件下的“云治理”，可以及时发现并化解社会矛盾，以保持坚实的社会稳定基础和较强的社会预警及反应能力。

6. 注重“云治理”的环境治理功能

针对越来越严重而普遍的环境污染问题，通常的做法是，派遣检查人员深入现场，监控污染排放和确定工厂是否违反了排污标准。只要公众要求得到清洁的水和空气，只要某些工厂主违反排放条例，就需要派遣现场检查人员。近年来，“大数据”条件下的“云治理”成为美国环保局和州环保处的新手段。美国环保局耗资最大的项目之一就是建立有毒废气排放数据库。每年经营单位都提供各工厂的有毒废气排放数据，美国环保局核实这些数据并将结果在网上公布。这样公众就知道了当地是谁在污染环境，并可以和其他地方的同类设施做比较，从而更好地监督污染企业。同时，环保部门也可以利用这些信息来要求经营单位采取措施以减少排放量，甚至在经营单位符合美国环保局标准的情况下也可以这样做。通过向当地公众提供信息，政府实现了自下而上解决问题的方案。

乔兆红　上海社会科学院世界中国学研究所当代中国研究室研究员。主要从事当代中国问题和中国学研究。

人类命运共同体，化解无形的文明隔阂

乔兆红

人类的文明，源于共同的人性。人类文明是有共通性的。绝对陌生且不相容的话语符号系统，是不可能跨文化传播的，更不可能被认同。有了共性认识基础，即有了比较、鉴别标准。由此，不同文化的先进性可以被“读”出来，进而得到认同、传播。

把人类作为一个整体来研究，学界早有探索。英国历史学家汤因比曾经说过，历史研究的可以自行说明问题的单位既不是一个民族国家，也不是另一极端上的人类全体，而是我们称之为社会的某一群人。在《历史研究》中，汤因比把这些社会统称为文明，并以 21 个文明作为研究和说明整个人类文明历史的单元基础，力图以人类历史的整体作为研究对象。

之后，还有学者步汤因比的流风余韵，把 170 多个人类社会归纳为 7 种模式，然后努力把人类作为一个整体，研究并说明世界现代化进程的全局。由于社会情况的变化以及政治文化观念的差别、作者自身认识的局限，其中的某些判断还有一些不够确切乃至错误之处，但毕竟为我们第一次勾画出整个人类走向现代化进程的壮阔全景。

相较于上述理论阐述，中国提出的人类命运共同体理念带有更强的现实性和针对性。我们的理由何在？我们的目标又如何得以实现？下面，就这些相关话题，我和大家作一些分享与交流。

文化理念：用一个标准去衡量文明，只能导致猜忌和冲突

中国的古老文明为世界和谐思想的发展作出了卓越的贡献。习近平总书记指出，中华民族拥有悠久历史和灿烂文明，但近代以后历经血与火的磨难。中国人民没有向命运屈服，而是奋起抗争、自强不息，经过长期奋斗，而今走上了实现中华民族伟大复兴的康庄大道。回顾历史，支撑我们这个古老民族走到今天的，支撑5000多年中华文明延绵至今的，是植根于中华民族血脉深处的文化基因。中华民族历来讲求“天下一家”，主张民胞物与、协和万邦、天下大同，憧憬“大道之行，天下为公”的美好世界。“世界各国人民都生活在同一片蓝天下、拥有同一个家园，应该是一家人。世界各国人民应该秉持‘天下一家’理念，张开怀抱，彼此理解，求同存异，共同为构建人类命运共同体而努力。”

千百年来，人类一直期盼永久和平，但战争和冲突从未远离。面对人类文明发展的共同主题，中国倡导的人类命运共同体理念，就是在汲取优秀传统文化和哲学智慧的基础上，发育出基于中国经验的文化哲学，对当今世界文明发展进程中的基本矛盾和困惑作出了富有启示性、创建性的回答。儒家主张以和平、公正、文明的手段来解决争端，推崇的是差异和兼容，协调的是“相似”与“相近”，以此实现一种“和而不同”“兼容并包”且富有弹性的人文旨趣。这才是真正健康的世界主义。只有解决好共生问题，实现多元统一、兼容共生、协调有序、充满活力和大众共享，才能构筑出一个和谐有序的世界。

“二战”后，汤因比对现代科技引发的人类现代文明缺失，表达过深深的忧虑。一方面，精神文化建设相对于经济建设显得有所滞后；另一方面，传统文化遇到现代化时，面临一个继承与转化的问题。从这个意义上说，“文化危机”是任何一个民族、任何一个国家在现代化过程中必然经历的过程。不过，危机并不可怕。因为事物的发展都是辩证的，伴随文化对立冲突的是融合再生。其中的关键是，在文化的冲突和危机中建构一个适应现代化和未来社会发展的新的文化价值系统。

习近平总书记强调，文明的繁盛、人类的进步，离不开求同存异、开放包容，离不开文明交流、互学互鉴。历史呼唤着人类文明同放异彩，不同文明应该和谐共生、相得益彰，共同为人类发展提供精神力量。我们应该坚持世界是丰富多彩的、

文明是多样的理念，让人类创造的各种文明交相辉映，编织出斑斓绚丽的图画，共同消除现实生活中的文化壁垒，共同抵制妨碍人类心灵互动的观念纰缪，共同打破阻碍人类交往的精神隔阂，让各种文明和谐共存，让人人享有文化滋养。确实，相比有形的物理分隔，无形的精神隔阂对于共同体的构建影响更大。就此而言，文化交流、文明对话显得十分重要。

在推进现代化的过程中，中国当代知识分子应当真正树立文化自信，自觉承担弘扬中华文化的使命。一方面，必须摆脱急功近利的实用主义态度，树立科学态度和求真精神，以冷静而深沉的理性来思考和研究、反省中西文化；另一方面，要加强不同文化之间的平等对话，寻求相互沟通和相互理解，在人类文化总的宝库中发掘一切健康有益的精神资源，共同纠正现今人类文明的缺失。

人类自从有能力认识世界和自己，就开始思考人类共同的命运。大量东西方先哲圣贤一直在探寻、筑构人类的核心价值体系。冷战后，西方文明似乎“独领风骚”，一时呈现出主导世界文明发展方向的趋势，“西方文明优越论”一度大行其道。抛开国情和历史传统的差异，用一个标准去衡量文明的好坏，注定是无效的，也是缺乏说服力的，其结果只能导致猜忌和冲突。

先进文化乃人类的文明，是人类共同的文明成果。先进性的相融与整合，是人类社会文化发展的基本法则。但凡创始者可以赖以发展、强大，并能跨文化系统传播且被非创始者广泛接受、采用的文明成果，均乃人类共同的文明。即便首创者确是一个民族、一个阶级，但其得以传承、积淀于人类历史，成为人类文明中的“熠熠生辉者”，就是因其已超越了民族和阶级，构成对人类文化的积极贡献。

历史渊源：具有天下主义传统的中国，能带来统一与和平

自古以来，中国就以“和而不同”的理念来对待人类文明发展。不同的文明只有在彼此信任的基础上对话，才能自我更新。2014 年 3 月 27 日，习近平总书记在联合国教科文组织总部演讲时说：“让收藏在博物馆里的文物、陈列在广阔大地上的遗产、书写在古籍里的文字都活起来，让中华文明同世界各国人民创造的丰富多彩的文明一道，为人类提供正确的精神指引和强大的精神动力。”中国传统文化唯

有“活”起来，才能“火”起来。

孙中山先生早就指出，从经济上来分析，中国的觉醒以及开明的政府的建立，不仅对中国人，而且对全世界都有好处。一旦中国经济得到发展，人民生活水准逐步提高，对外国货物的需求即可增多，而国际商务即可增加。种种迹象表明，中国问题的解决具有世界意义，中国的复兴将是全人类的福音。“世界和平、维持人道”必须确保中国自主和发展。在此基础上，孙中山先生提倡用一种和平、开放的民族主义思想来处理中国与世界各国之间的关系。孙中山说：“我们今日在没有发达之前，立定扶倾济弱的志愿，将来到了强盛时候，想到今日身受过了列强政治经济压迫的痛苦，将来弱小民族如果受这种痛苦，我们便要把那些帝国主义灭消，那才算是治国平天下。”

孙中山先生把《大学》所标榜的“格物、致知、诚意、正心、修身、齐家、治国、平天下”，看作传统的“最有系统的政治哲学”。他的最高理想是，用固有的道德和平做基础，去统一世界，成一个大同之治。当然，这条走向世界大同之路，过分强调了以中国固有的道德和平做基础，而难免忽略了不同文明之间的对话和互鉴。

汤因比则进一步提出，未来的人类只有走向一个“世界国家”，才能避免民族国家的狭隘以及为追求狭隘国家利益而带来的冲突和灭亡。在他看来，人类社会要过渡到一个“世界国家”，只有具有“天下主义”传统的中国才能担当此任。他对中国文明在未来的作用给予了很高期望，认为中国不仅是2000多年来一直影响“半个世界”的中心，而且正是它将给整个世界“带来政治统一与和平的命运”。

与此相呼应，李约瑟还在自然科学领域充分阐释了中国文化的价值和意义。他宣称，就像本来是异教徒的保罗转而信仰基督教并成为“圣徒”一样，他自己也发生了信仰上的皈依，“命运使我以一种特殊的方式皈依到中国文化价值和中国文明这方面来”。1975年，李约瑟指出：“我曾极力主张的是，今天保留下来的各个时代的中国文化、中国传统、中国社会的精神气质和中国人的事事物物，将对日后指引人类世界作出十分重要的贡献……我再一次说：要按东方见解行事。”1988年，在法国巴黎召开的一次世界性会议上，数十位诺贝尔奖获得者在达成共识的基础上，发出了与李约瑟相类似的呼吁：“如果人类要在21世纪生存下去，必须回头2540年，去吸收孔子的智慧。”

中国共产党历来强调树立世界眼光，积极学习借鉴世界各国人民创造的文明成果，并结合本国实际加以运用。中国5000年的文明蕴藏着丰厚的文化财富，只要我们不断从传统中汲取养分，借鉴其他文明的成功经验，充分发挥中国文明的内在价值，就能够克服前进中的障碍，突破现代社会文明发展的困境，实现中华民族的伟大复兴。正是在此意义上，"构建人类命运共同体"顺应了历史和时代发展潮流，就是要呼吁世界各国人民携手开创人类更加光明的未来；"一带一路"则是实践人类命运共同体理念的重大倡议。

"二战"后，世界上的一个重要变化就是"地球越变越小"，全世界的人都息息相通、休戚相关。关心人类前途的人已经意识到，一个全球性的社会不能只有利害的层次，而没有道义的层次。人类社会需要一个有道义的新秩序。而道义这个要件，正蕴藏在中国世代累积的经验宝库里。所谓构建人类命运共同体，就是强调每个民族、每个国家的前途命运都紧紧联系在一起。只有风雨同舟、荣辱与共，才能把世界各国人民对美好生活的向往真正变为现实。

时代演进：在处理"自我"与"他者"关系上，合作放在首位

民族精神是中华民族拥有不竭生命力的重要源头。在当代中国，以自强不息、厚德载物和与时俱进等为内核的民族精神，为我们不断克服艰难险阻、焕发新的生机活力，提供了强劲的动力。立足于中国文化崇尚和谐的价值取向，在处理"自我"与"他者"关系的基本价值取向上，我们把谋求合作放在了首位。这显然与追求"制衡"的传统西方模式大相径庭。

当下我们所处的世界，相互之间的关联前所未有，所面临的全球性问题也是前所未有。面对这种局势，习近平总书记指出，人类有两种选择：一种是，人们为了争权夺利恶性竞争甚至兵戎相见，这很可能带来灾难性危机；另一种是，人们顺应时代发展潮流，齐心协力应对挑战，开展全球性协作，这就将为构建人类命运共同体创造有利条件。

构建人类命运共同体是应对时代之变的正确选择。它具有实现的理论和政治基础以及物质基础，但作为一个历史过程，并不会一蹴而就，也不会一帆风顺，而需

要付出长期艰苦的努力。近年来，中国陆续提出包括“一带一路”倡议在内的各种方案，旨在超越西方中心霸权观，重建和平、对等及互利的世界新秩序。这是符合中国传统“和衷共济”的世界观，是构建人类命运共同体的基础。当前，全球秩序可能进入一个较长的崩解与重组时期，又可能迎来一个无论在经济、文化、宗教、族群等方面皆更能符合对等、互惠、多元、尊重及公正、发展等原则的新世界。由此，我们更有可能建构一个体现“休戚与共”与“和而不同”理念的全球新秩序。

事实上，全球治理体制变革正处在历史转折点上。新兴市场国家和一大批发展中国家快速发展，国际影响力不断增强，是近代以来国际力量对比中最具革命性的变化。现在，世界上的事情越来越需要各国共同商量着办，建立国际机制、遵守国际规则、追求国际正义成为多数国家的共识。很多问题不再局限于一国内部，很多挑战也不再是一国之力所能应对，全球性挑战需要各国通力合作来应对。

有鉴于此，习近平总书记强调，全球治理体制变革离不开理念的引领，全球治理规则体现更加公正合理的要求离不开对人类各种优秀文明成果的吸收。要推动全球治理理念创新发展，积极发掘中华文化中积极的处世之道和治理理念同当今时代的共鸣点，继续丰富打造人类命运共同体等主张，弘扬共商共建共享的全球治理理念。我们提出“一带一路”倡议、建立以合作共赢为核心的新型国际关系、坚持正确义利观、构建人类命运共同体等理念和举措，顺应时代潮流，符合各国利益，增加了我国同各国利益汇合点。2017 年 3 月 17 日，联合国安理会一致通过第 2344 号决议，首次载入“构建人类命运共同体”理念。可见，中国日益将治国理政思想和全球治理实践结合起来，赢得了国际认可与尊重。

构建人类命运共同体反映了一个开放进取的中国，把自身命运和前途同世界命运和前途紧密联系在一起的自我定位。构建人类命运共同体必须解决文化差异、文化误读以及文化霸权问题，要对人类共同关心的问题，如环境问题、气候问题、反恐问题以及现代化问题，展开交流、研讨与合作。其中，重要的是考虑中国文化能对世界文化的进步与人类幸福作出什么贡献，而不是生搬硬套西方的思想来解释甚至规制中国的发展。

知名学者汤一介曾呼吁，要利用我们传统哲学的资源来对当前人类社会面临的重大问题“创造出新的哲学理论”。今天，构建人类命运共同体比以往任何时候都需要理论上的创新和实践中的推进，要更自信地用中国智慧、中国方案为人类文明作出更大贡献。

文化生态

颜廷君 上海交通大学公共管理创新研究所所长、教授、作家、电影编剧、导演。主讲课程《国学智慧与人生哲学》、《法德管理》、《新文化生态》等。著有《给人生插花》、长篇小说《彼岸》等。管理学作品有《关于现代企业管理哲学的思考》、《是非圈外看分配》、《人性假设的误区》等。

新文化生态（节选）

颜廷君

第九章 玫瑰情结

一、玫瑰情结

白天在江苏盐城讲课，次日要在丹阳讲课，所以晚上必须到达丹阳。时间已晚，汽车站已经没了去丹阳的车，只有搭出租车。宾馆服务生为我叫了一辆出租车。我把旅行箱放进出租车后备厢，然后拉开右侧前排车门，往车内一看，司机是个庞然大物，一看就不少于二百五。我问司机："到张家港需要多少钱？"司机伸出五个手指头。"50？"我问。司机说："开玩笑！50块连油费都不够，500！"我说："开玩笑！乘飞机也用不了500！打表！"司机说："打表得来回算。"我打开出租车前门，左腿刚伸进车内。司机说："到后排去！"——口气多么生硬，而且连个请字都没有，档次太低！一个有档次的人应该这么说："请到后面坐。"如果能在后面加上"可以吗？"那档次就更高。刚想到这里，我又后悔了：素质高一点，懂得使用几句礼貌用语，就看不起人了？说明档次也高不到哪里去！继而又想：一个时刻知道自我反省的人，档次还会低吗？打开后排车门，只觉得眼前一亮：后排座位上还有一个人，一个女人，一个年轻漂亮的女人！她是谁？司机的老婆？不可能！一个是美天鹅，一个是癞蛤蟆，一个是天上飞的，一个是地上爬的，根本不是同一类！拼车，司机可以多赚点，可以理解，也可以欣然接受。

出租车上了高速。我闭目养神。美女问："坐后排的，贵姓？""颜。"我睁开眼看了她一眼，补充道："红颜薄命的颜。"美女向我翻白眼。我连忙换一个说法："红颜知己的颜。"美女嗔我一眼，问："做什么买卖的？"我说："老师……到处讲学。"美女释然："喔！耍嘴皮子的！"话不投机，不想跟她说了，我再次闭上眼睛。美女问："怎么不说话了？"我说："有点累，想睡会儿。"美女说："人家说男女搭配，坐车不累，你怎么会累？"我笑笑，讲了一天的课，口干舌燥喉咙痛，为了堵住她的嘴，我拿出一块巧克力，递给了美女。"努！意大利产的，费列罗牌，相当好吃。"美女接过巧克力，说："你可是第一个送我巧克力的男人！"我说："很荣幸！"司机插话说，"没送巧克力，就没送别的？"我警告司机："集中精力驾驶！别瞎掺和。"美女说："送别的？他不说这话我还不生气！颜老师，跟你说件事，今年情人节，我问老公，情人节到了，送我什么？老公说，就送你玫瑰花吧。我听了很高兴，心想老公还算是个有情调的人。早晨出去，到傍晚才打电话回家，我在花店，给你买多少支玫瑰花？我说，99朵。你猜他怎么说，买这么多？你知道一支玫瑰花多少钱吗？十块钱，相当于一斤猪肉哇！我听了真生气，我说，那你就买猪肉吧！就把电话挂了。颜老师，你知道吗？二十分钟之后，他真的买了二斤猪肉回来了。你说他是不是个东西？"我随口说："不是个东西！"她气愤地说："你说他算人吗？！"我说："简直是一头猪！"吱！——司机一个急刹车。我的头撞到了前面的座位上。我忙问："怎么回事？"司机瞪圆眼："你这个老师，怎么骂人？"我说："谁骂人了？我说她老公，又没说你。"司机说："我就是她老公！"我的天！我感叹："真是一朵鲜花……"本来想把这句俗话说完整，但见司机一脸杀气，话说到半截就改成："真是一朵鲜花给你采着了，你可真有眼光。"司机缓了口气，谦逊道："马马虎虎，凑合着过日子。"美女冲着司机说："这话我说还差不多，你倒凑合着过日子了。"司机说："老师，你说说看，一支玫瑰十块钱，

99朵……按一百朵算，要一千块钱！一个星期的出租车算白开了，相当于遛狗了！”这句话我听后感觉很别扭。美女愤愤地说：“难道我就不值一千块钱？天天说爱我爱我，假的！”司机说：“好好，好！明年情人节，我给你买200朵玫瑰，不买就不是人！”美女说：“你敢！你胆敢买200朵玫瑰，我就跟你离婚！你还想不想过日子啦？房贷不还了？住一辈子毛坯房？一个开出租车的，也玩潇洒？呸！”美女的唾沫“呸”在我脸上，我擦去唾沫，感觉手上有玫瑰花的香味。司机说：“老师，你听到了吧？我是猪八戒照镜子——里外都不是人。你说我该怎么办？”我说：“今年情人节买了二斤猪肉，明年情人节你买它四斤！”司机与美女不说话，我说：“不说话等于默认。开车！”

出租车在高速公路上飞驰。我闭上眼睛休息。良久，美女似乎是耐不住寂寞，问：“有老婆吗？”我闭着眼睛回答：“有。”美女问：“几个？”我说：“一个。”美女接着问：“明的一个，暗的几个？”我随口说：“暗的也是一个！”美女仿佛找到了要找的答案：“噢！两个”。我睁开眼睛，奇怪地问：“哪来的两个？”美女说：“明的一个，暗的一个，——两个！”我说：“暗里没有。”美女说：“我们萍水相逢，说说闲话，消磨消磨时间，说完就完了，承认也没关系。”我问：“你干吗让我承认？”美女说：“过去，皇帝三宫六院七十二妃，有钱有势的妻妾成群。现在虽说实行一夫一妻制，可好多有钱有势的男人，因为有钱成了花心大萝卜。像我老公这样，一心一意看着老婆的，大多是不会赚钱的穷光蛋、笨蛋。会赚钱的、有钱人又会变成坏蛋。颜老师，你是笨蛋，还是坏蛋？”我谦虚说：“我是个笨蛋！”美女笑着说：“闹了半天，原来你是笨蛋！”我斜视美女，问：“你说谁是笨蛋？”美女笑着反问：“难道你是坏蛋？”——她成心划圈子给我钻。我说：“你很有水平嘛！”司机扬起右手，伸出大拇指，得意地说：“大学生！”美女警告司机：“少给我丢人！人家说不定还是教授呢！”司机说：“这年头教授算个屁！”

司机老婆划圈子给我钻，司机说我算个屁，我决定回击，我要让他们知道，教授就是教授，不是屁。我对美女说：“你是美女，而且是大学毕业，完全有条件嫁给一个坏蛋，为什么会嫁给这个笨蛋？”“吱——”出租车司机一个急刹车，回过头来，怒目圆睁：“你说谁是笨蛋？！”我反问：“你不是笨蛋，难道是坏蛋？”司机说：“这是什么屁道理？”我对美女说：“替我解释一下。”美女向司机扬一下手说："不懂幽默！开车！"

出租车在高速公路上风驰电掣。美女把外套脱了下来。我发现美女的内衣很薄，领子的开口比较大，美女的脖子很白，脖子下面也很白。"看！看什么看！"美女斜视着我。"我……随便看看……我觉得你的审美眼光很独特！"我岔开话题。美女一声轻叹："别提了！高中的时候我们是同班同学，他天天给我发信息，快把我烦死了！后来我考上了大学，他没考上。我想总算摆脱纠缠了。可是你知道嘛，他周一到周五做小生意，周六周日就到学校找我，小恩小惠，死皮赖脸……一不小心，上当受骗了！不是他，我就不是今天这个样子。读大学时，我们班有一位男生，家里有钱，他爸是个企业家，真心实意对我好，而且人长得像歌星，跟唱《我是一只小小鸟》的赵传一样！"我问："你为什么没嫁给他？"司机插了一句："坏蛋！吃喝嫖赌全来！"美女瞪着司机："少说人家坏话！要是他落到我的手里，我把他调教好了，他就不是今天这样！我就是贵夫人。早上遛狗；上午打保龄球、玩潇洒；下午到咖啡馆去喝咖啡、装腔作势；晚上到美容院做美容、摆阔，而不是陪着你'遛狗'！"司机说："我又没叫你陪我'遛狗'！是你自己喜欢坐出租车，你说在高速公路上有飞翔的感觉，出租车窗是流动的风景，出租车窗帘一拉，路旁一停就是洞房。""闭嘴！"美女骂道："笨蛋！"司机闭了一会嘴又忍不住说："买出租车是你的主意！我本想在街面上买间店铺，开个小饭店。"美女说："开个小饭店，起早摸黑，烟熏火燎，汤汤水水，天天赔小心扮笑脸伺候人就容易吗？"司机说："好多开饭店的都发财了！门面房一天天涨价，出租车一天天折旧！"美女说："都怪你没主心骨，笨蛋！下辈子死也不嫁给你！"司机嘟哝道："你不嫁给我，我就找个爱我的人做老婆，丑点也愿意！"美女说："你敢！"我对美女说："其实，就算你嫁给你那位同学，把他调教好了，你也会后悔。"美女问："为什么？"我说："第一，你可能调教不好他；第二，就算你调解好了，你可能还会觉得委屈了自己，你可能会想完全有条件嫁一个比他更优秀的先生。"美女想了想说："也许吧。"好久谁也没有说话。经过一番沉思，美女感慨地说："我们的家，虽然简朴些，但是温馨。他死心塌地地爱着我、呵护我、宠我、宽容我，为了我，为了这个家，不分白天黑夜、风里雨里，我该知足了！"我说："其实，你也很爱他，不然，晚上你会陪他出车吗？"司机插嘴说："是她自己喜欢坐出租车！我觉得简直有病！……

小毛病。”美女说：“你是猪！纯粹是猪！比猪少个尾巴！谁喜欢深更半夜坐出租车？我只不过想到，你出长途，回来时深更半夜孤孤单单，我就是想陪陪你，如果我不说喜欢坐出租车，你会让我陪你吗？你那点心情我还不理解！”出租车缓缓地停下来。出租车司机抬起右手，左边的脸上擦一下，右边的脸上擦一下，他流泪了。人都有同理心，我也有流泪的感觉。我对美女说：“有你这句话，你老公一辈子起早摸黑，风里雨里，无怨无悔。人生不是假设，理解万岁！”司机擦罢眼泪，挺直腰板，把音乐打开，放的是摇滚乐。音量拧到最大。我与美女不自觉地直起身子，肩膀伴随着摇滚乐的节拍抖动起来。司机加油门，车速越来越快，我感觉就像飞机离地那一刻，心里犯嘀咕，心想出车祸之前不知道能不能到达丹阳？我忍不住地对司机说：“师傅，慢点慢点，安全第一！”这时，美女双手做喇叭状，附着我的耳朵喊：“他常对我说，不求同年同月同日生，但求同年同月同日死！”我听后，感觉我是被他们绑架的人质，冲着司机叫大喊：“停车！赶快停车！——”

我们不妨来剖析一下美女的心理：他的老公——出租车司机是买99朵玫瑰，还是不买，都会挨骂；美女是嫁给现在的老公，还是她的同学，都可能后悔；是做出租车生意，还是做小饭店生意，都不一定尽如人意。人生在很多时候，无论当初我们是怎么选择的，都可能会后悔。这就是我所谓的“玫瑰情结”。现实生活中，我们常听说的“这山望那山高”“吃着碗里看着盘子里的”“干一行怨一行”“跑了的是大鱼”“老婆是人家的好”等，都是“玫瑰情结”的形象表达。既然无论我们当初怎么选择，都不一定尽如人意，都可能后悔，那我们就应该正视、珍惜现在的拥有、不后悔，我们就没有那么多的纠结，幸福感就会提高。这也是认识玫瑰情结的意义所在。

——当然，也不是选择错了，就错到底，就认命，我们应该慎对每一次选择。慎对每一次选择，心中依旧会萌生玫瑰情结。

二、葫芦现象

三先生和五媒婆都是精明人，精明过人，有了名了。三先生和五媒婆两家茅舍土墙，东邻西舍，毗邻而居。因为两家之间的院墙是土墙，风吹雨淋鸡爬狗跳，年久失修，已是残缺不全。但三先生和五媒婆都没有修墙的打算：墙，挡君子不挡小人。这堵墙的作用，主要在于它的象征意义。

一方风俗，秋末季节要腌咸菜，留到青黄不接的冬天里吃。漫长的冬天过去了，三先生腌的咸菜吃得只剩下咸菜坛子。因为是咸菜坛子，不是米坛子面坛子或者别的什么坛子，三先生也不把它派作别的用场，于是从烟熏火燎的锅屋里拎出来，在土墙上楔一根橛子，然后把它挂上去，留到秋天腌咸菜。

春天万象更新，家前屋后，种瓜种豆。五媒婆挨着墙根种葫芦。六月，土墙上爬满青藤。葫芦开花一片白，有一朵葫芦花开在咸菜坛子正上方，紧接着结了个嫩嫩的毛葫芦，毛葫芦不偏不倚地伸进咸菜坛子里，当三先生和五媒婆发现的时候，问题已经十分严重了：葫芦已无法从咸菜坛子里拿出来了。

怎么办？三先生主张把葫芦捣烂，五媒婆主张把咸菜坛子打碎，而且理由都很充分。三先生说："坛子是不动的，葫芦是动的，主动的葫芦长到被动的咸菜坛子里，责任在主动一方，不在被动一方。"五媒婆说："人是懂事的，葫芦不懂事。如果懂事的人不把咸菜坛子挂在墙上，葫芦也不会长到坛子里去。所以责任在人不在于葫芦。"

读圣贤之书的三先生深知：和为贵。一个读书人与一个媒婆、寡妇争争吵吵成何体统？处理这样的问题需要智慧。三先生运筹帷幄，深谋远虑。五媒婆人情练达：远亲不如近邻，大家低头不见抬头见，弄僵了谁的面子上都过不去。更何况，自己是个寡妇，三先生老婆的身体一天不如一天，没准与三先生还有故事。

三先生和五媒婆想来想去想到了一起：打官司，把球踢给县太爷，让县太爷处理。三先生五媒婆都认为自己的理由充分，到时候县太爷判下来，既不得罪邻居，又不蒙受损失，两全其美！

三先生五媒婆结伴而行，五媒婆狗撵似的走在前面，三先生迈着方步走得四平八稳，生怕乱了步伐有失斯文。七月天，红日当空，三先生和五媒婆都走得汗水淋漓。五媒婆说："三先生，前面有片红高粱地，不如到里面凉快凉快再走不迟。"三先生想，五媒婆想施美人计！万一一时把握不住，给她抓住了把柄，那咸菜坛子算完了！想罢说道："读圣贤之书，怎能做鸡鸣狗盗之事？"五媒婆说："真是擀面杖吹火——不通人气！”

见到县太爷，三先生五媒婆各陈其词，只听得县太爷头脑发懵、两眼发直。众目睽睽之下，拿不出个令人信服的裁定，那是有失威严的事情。但县太爷毕竟不是吃干饭的，眼睛一转有了主意。县太爷一拍惊堂木：“本老爷日理万机，处理的都是大事。这么简单的鸡毛蒜皮的小事还要老爷过问？！回去自己想办法，实在想不出办法本老爷再裁决。不过再来时，把葫芦和咸菜坛子都带来，充公！”

出了县衙门，三先生和五媒婆一齐大骂县太爷：贪官，贪官！居然打起了葫芦和咸菜坛子的主意。三先生和五媒婆迅速达成共识，官司不能再打了，要靠自己的智慧解决问题。三先生说：“车到山前必有路，办法是人想出来的。”五媒婆说：“活人不能给尿憋死！”

三先生和五媒婆回到家，大家平心静气推心置腹地寻求解决问题的方案。三先生说：“等葫芦熟了，我盖上坛盖，用油布把坛子口封起来。就挂在墙上，我承认葫芦是你的，你承认坛子是我的。东西都在，大家心里都踏实。”

五媒婆说：“坛子葫芦都在你家院子里，你天天看得见心里踏实，我看不见心里不踏实。不如把坛子放在墙头上，我承认坛子是你的，你承认葫芦是我的，大家都看得见，心里都踏实。”

三先生说：“不行。风吹雨淋，鸡趴狗跳，墙早晚会塌，到时候坛子从墙上掉下来摔个粉碎，你净得个葫芦。”

五媒婆说：“那就砌一堵砖墙。再把葫芦咸菜坛子摆上去。”

三先生说：“村中时有毛贼出没，如此精致的坛子美妙的葫芦，毛贼焉有不动心的道理？不如推倒土墙，砌一堵砖墙，然后再把坛子砌到墙内去，方为万全之策，长久之计。”

三先生和五媒婆两家花血本垒起一堵墙，青砖白灰，固若金汤。

很多年过去了，三先生和五媒婆已经不在人世，属于三先生的咸菜坛子和五媒婆的葫芦依旧还在青砖墙内。

“葫芦现象”是现实生活中普遍存在的一种现象。人与人、组织与组织、国与国之间，利益相互渗透相互交织在一起，就像葫芦长到咸菜坛子里一样，你中有我，我中有你，如何处理这类关系？

为了一个葫芦和咸菜坛子，劳民伤财地砌上一堵墙，这种维护既得利益的成本大于维护的利益，这种方式显然是不可取的。不同的利益主体，如果缺乏互让互谅精神，就会导致“葫芦现象”的出现。譬如企业的绩效考评、薪酬设立，就其本质而言都是“切分蛋糕”游戏规则，如果企业与员工之间缺乏互让互谅的精神斤斤计较，不管“切分蛋糕”的技术标准设计得如何精确，都不会被认同。就是说：我们不能指望仅靠的精确性让人们认同分配的结果，要想结果被认同还需要一种互让互谅的精神。同时，对精确性的过度追求，就会使工作复杂化，从而失去“时效性”和“经济性”，使之变得不可行。牺牲一些精确性，才能保证时效性和经济性，从而保证其可行性。所以，我们应该避免过度追求，平衡好精确性、时效性和经济性三者之间的关系。游戏规则的设立避免过度追求，过犹不及，对“度”的拿捏，原本就是人生的大智慧。

三、暗恋情结

爱情故事，古老而又常新。

20世纪80年代初，大学里男女生比例严重失调，我们班是50位同学，5名女生。物以稀为贵，这就造成了看不见的战线上竞争异常激烈。许多男生哀叹：“僧多粥少，狼多肉少。”白雪一枝独秀，是公认的校花。当时文坛很活跃，当诗人、作家就像现在想当企业家，是一种时尚。为了赶时髦，也是为了充分表达我的情感——尤其是爱情，我开始学习写诗，我感到现代汉语已经无法表达我的情感了，不写诗不行了。第一首爱情诗自然是写给白雪的，下笔千言，一个小笔记本写完，第一首爱情诗还没写到一半。当懂得诗要简练时，大刀阔斧删繁就简，壮烈牺牲无数的脑细胞，锤炼成一字千钧的两行。第一行第一个字就是“啊”——表示感叹，现在表示感叹往往用两个字“哇塞”，或者“我靠”。这两行诗是：

啊！白雪，和你的美相比
我的诗就是——狗屎

我感觉这首诗写得好啊：运用对比手法，用词大胆，譬如“狗屎”，这不是一般人敢用的词。虽说诗缺乏美感，但瑕不掩瑜。情诗不写则已，一写一发不可收拾，紧接着就写出了第二首：

你是鱼
我是猫

你是清清小河里的鱼
我是河边溜达的猫

你是梦里的鱼
我是梦醒的猫

诗，不足以流传百世成为千古绝唱，但它表达了我对白雪的心情。然而，我只是搜肠刮肚地创作，却没有勇气把诗送给她。一来，当时学校明文规定，坚决不提倡大学生在校期间谈恋爱，我是班长，不能带头违背校纪校规，至于在心里违反多少次，鬼才知道！只写诗不送给她最重要的原因是，害怕被拒绝，我发现只写不送给她有一个好处，那样她就无法拒绝我，我就可以把这个梦继续下去。此外，还有一个原因，害怕成为第二个小潘。

小潘是我们同班同学，小个头，小鼻子，小眼睛，脸上长着小疙瘩。可追求起白雪比谁都积极，每当周末，女同学们结伴出游，小潘特务似的跟着。女同学汪小丽问小潘，“每个星期天，你都像个尾巴似的，想干什么？”无知者无畏，小潘实话实说：“我真心爱白雪！”汪小丽听后笑翻在地，半天没爬起来：“小潘，怎么说你好呢，除非地球上就剩你和白雪两个人，白雪才会嫁给你。”白雪知道这件事后说：“如果地球上就剩下我和他的话，我就跳海，让这个世界绝种！”

久而久之，女同学们——包括白雪，渐渐适应了小潘的跟踪，出游时都把小包叫小潘拎着，逛商场买东西让小潘背着。义务公仆，不使唤白不使唤，使唤也是白使唤。小潘肩搭手提一头是汗，屁颠颠地跟在女生后面。时间久了，女生们出游、逛商场都觉得离不开小潘了。因此，同学们公然叫他“不正好”。“不正好”就是“二百五”，“二百五”就是缺心眼。

我害怕成为第二个小潘！

岁月如流，斗转星移，大学生活花期一般短暂，眼看要毕业了，恋爱、追求到了冲刺阶段。一天黄昏，我在学校的足球场边，在一棵榕树下想入非非，想象我和白雪结婚时的盛况，正想到喝交杯酒，肩膀被人拍了一下，我吓了一跳，回头一看，是小潘。小潘神秘兮兮地对我说：“成了！”我问：“什么成了？”小潘说“我和白雪成了！”我听了心都冷了，你成了我可怎么办？继而一想，怎么可能？小潘人长得对不起观众，学习全班倒数第二名——连倒数都不是第一名，也就他爸爸值得一提，他爸是司令员——是中华人民共和国某省、某县、某人民公社、某大队造反派司令。也没什么了不起！小潘见我不相信的样子，又补充一句说“要不是她妈不同意就成了”。我说：“梁山泊和祝英台，罗密欧与朱丽叶的悲剧还会在今天重演吗？关键是她本人的态度。”小潘说：“班长说得对！关键是她本人不同意，要不就成了。”我松了一气。小潘说：“不过，现在还有百分之五十的把握。”我的心又提起来。小潘说：“我已经完全同意了，只占百分之五十。”——原来是这么算的，我提起的心放了下来。小潘说：“我想请你帮个忙。你文笔不错，帮我写份情书，让她看了动心。”我想，我要是能写出这样的情书还会给你？！

毕业一天天临近，追求白雪的人多得无法统计，该出手时就出手，不能再犹豫了，时间就是美女，时间就是爱情！我整整花了一天的时间，写了一封燃烧着熊熊烈火的求爱信，决定送给她。那是个风高月黑的夜晚。晚自习下课铃响后，白雪出了教室，我不露声色地跟了出去，趁着夜色正要下手——把装在一个口袋里的一封信和十几本献给白雪的诗稿送给她，忽然听到一声断喝：“班长！”本来就紧张，再经受这一声惊吓，两腿发软，回头一看，是汪小丽。顺便提一下，汪小丽喜欢我。汪小丽问：“想干什么？！”我说：“我想……打个喷嚏。”汪小丽审视着我：“紧紧跟在人屁股后面，想把喷嚏打在人的屁股上？！”我说：“是大喷嚏。”汪小丽开始犯迷糊：“大喷嚏？是怎么回事？”我说：“你管得着么！”说完就往教室走，走了几十米，回头一看，见汪小丽还愣在那儿动脑筋。

我最后一个离开教室，把装着诗和信的口袋放到白雪的课桌里。等待白雪的回音。那种心情可用一个成语来表达：一日三秋。九个秋——三天以后，黄昏，我依旧站在球场边的榕树下，白雪款款向我走来。我的神经高度紧张，就像囚徒等待宣判，生死全在她唇齿之间。她走到我的面前，盯着我看。我额头上渗出汗，头上方云雾缭绕。白雪说：“信跟诗，我都看了。快毕业考试了，毕业以后再说好么？”我只能说：“好。”白雪说：“这事得我妈同意……懂吗？”我随口说：“懂。”白雪款款地走了。我的大脑一片空白，好久才恢复思考功能，我开始思考她那句话的真实含义，突然想起小潘说过的一句话“要不是她妈不同意就成了”，我明白了，白雪是婉转地拒绝我。我痛不欲生，要当和尚！终因尘缘未了，没有当成。

暗恋加单恋，构成了我初恋的主旋律。大学时代的初恋，在这里画上了一个大大的——逗号，故事没有结束。

毕业十三年后，在一个海滨浴场的沙滩上，我与白雪相遇，彼此喜出望外，同时向对方伸出手。“啊，啊！……白雪，嫁给谁了？”白雪听后把向我伸出的手缩了回去，说：“你是个骗子！”我怔住了：“你说我是骗子？”白雪说：“那些谎言还在我妈家里。”我问：“你是指我写给你的诗？”白雪说：“是谎言！”我说：“那是我的真情告白！”白雪说：“毕业后为什么不找我？”我说：“你拒绝了我，我还找你干吗？”白雪皱着眉说：“我什么时候拒绝你了？我说：“你还记得当时是怎么跟我说的吗？——‘这事得我妈同意，懂吗？’”白雪气愤地说：“我不同意，我妈同意就行了？”我说：“好了，不要安慰我了，如果你对我有想法，为什么不找我？”白雪冷冷地说：“怎么找你？”

——那时，既没有手机，想联系靠写信，不知家庭地址写信都无处投递。毕业后我留校任教，白雪分配到家乡的县城中学当老师。我说：“你知道我留校了，你要是想找我，可以回母校的。”白雪嘴角流露出一丝轻蔑：“暑假谁知道你在哪？开学后不久，我回母校找你……我看到你和她手牵着手……”

开学后，我和汪小丽在谈着呢！失恋就像溺水的人，有一根稻草也要抓住；失恋就像饥饿的人，残茶剩饭也不嫌弃；何况汪小丽不是残茶剩饭。我目瞪口呆，后悔得要死。我于白雪相视良久，彼此都感到很无奈。

“现在好吗？嫁给谁了？”我还是忍不住地问。白雪幽幽的仿佛自言自语地说：“还能嫁给谁？”我警惕地问：“这话什么意思？”白雪说：“除了小潘还会是谁？”

我感觉头上挨了一闷棍，责问："你……凭什么嫁给小潘！？"

白雪反问："凭什么不能？他追了我十年。"

小潘与白雪是一个县的，毕业后分配在一个镇中学当政治老师。上班后不久，小潘就打听到了白雪家的住址，在一个周末，小潘找到了白雪的家。

这是一个单亲家庭，白雪与母亲无话不说，小潘的事情是她与母亲经常聊到的话题。当白雪的妈妈看到小潘，白雪还没介绍，白雪的妈妈就问："你是小潘吗？"小潘受宠若惊似的，"啊！伯母还知道我？"白雪的妈妈盯着小潘看，越看越难看，于是说："赶快滚，能滚多快滚多快，能滚多远滚多远。"小潘说："伯母，千千万万别误会，我到家里来，是来打扫卫生的，你家没男的，打扫卫生这样的事怎么能让白雪干呢？我要是有其他想法，那是癞蛤蟆想吃天鹅肉，那就不是个人，是流氓！"白雪的妈妈听了，放松了警惕，说："打扫干净点！"从此，小潘开始了打扫卫生的兼职生活。六年以后，母女俩不知是想明白了，还是犯糊涂了，反正最后的结果是白雪嫁给了小潘。这让我想到了《水浒传》中的一个片段，西门庆看到潘金莲，当他听王婆说潘金莲是武大郎老婆的时候发出的一声感叹：一块肥羊肉却落到狗的嘴里。我问白雪："小潘现在干什么？"白雪说："在经营一个石英加工厂，就是把石英石加工成粉末，是制造优质灯泡的原材料。经营得还不错。"我愤愤不平，但又不得不正视这个现实。我对白雪的情感是灼热的、真实的，但从高中到大学付诸行动的只有一次。小潘呢，整整追了十年——比抗日战争还多两年！我垂下头，像漏气的破皮球。

夕阳西下，沙滩上的游客潮水般的退去，海滨浴场笼罩着暮霭，天海一片苍茫。白雪向我伸出手，我与白雪紧紧地握手，两个人的手都有些颤抖。握罢，无言而别。

有人问空空尊者是怎么开悟的，空空尊者说："我是看到一条狗在河边要渴死的时候开悟的。"问："狗在河边怎么会渴死？"答："这条狗到河边喝水的时候，看见水里有一条狗向它瞪眼睛，于是它就换一个地方，无论它换到哪里，那条狗始终在水里向它瞪着眼。快要渴死的时候它奋不顾身纵身跳进河里，它喝到了水，那条狗消失了。

水里自始至终向那条狗瞪眼的狗，是它的影子。这个公案给我们的启示是：阻碍我们前进，左右我们成败的是我们的影子。这个影子可以是自卑，可以是懒惰，可以是堕落，是人性消极的、恶的一面。

这次相遇，改变了我人生发展的轨迹。此后，我在对理想的追求中，每当自卑的时候、气馁的时候，我就会想起小潘，小潘成了我人生道路的一个标杆。

时光不会倒流，人生无法从头再来，但是我拥有今天和未来。每个人的心中都有“白雪”，她可以是所爱的人，也可以是理想抱负，只要热爱，就该勇敢地去追求——即使追求不到，也享受了追求的过程。

不敢追求大目标是追求的盲点，给那些敢于追求大目标的人留下了机会，就像白雪落到小潘的手里一样。

李锋古 中国作家协会会员，江苏省作家协会签约作家，曾获第三届郭沫若诗歌奖。多年来，在省以上报刊发表各类文学作品千余篇（首），诗文入选多家文学作品集。著有诗集《疼痛的拇指》、《飘落的红玫瑰》、《抚摸心灵》、《请你把春天叫醒》、《碎纸片上的情歌》、《遇见你就记下你》等。

夏夜，感受一种淡然（外四章）

李锋古

大暑带来的盛夏，贼热粘连着寂寞，让人焦躁不安，难以入眠。

漫步盐河岸边，沉闷的空气里夹杂淡淡的苦涩。天上的星星稀少，月亮饺子般挂在空中，看上去不十分皎洁，它被一圈淡淡的晕色包围着，显得朦胧而又遥远。曾圆满过的半月，在云朵间缓缓穿行，像羞涩的少女忽隐忽现，把宁静的夜空渲染得如梦如幻，给人带来无限的遐思。

徜徉在淡淡而又寂静的夜里，徐徐的风，吹送着淡淡的花香，让人体味到夏夜淡淡的清凉。偶尔有夜鸟丢下几句模糊不清的鸣叫和夜虫的呢喃，给这夜增添了些许浪漫。

寂静的夜，四周空无一人。远处，商店楼阁上的彩灯不停地闪烁，街灯显得有些暗淡，像依在街边的醉汉。近处，只有此起彼伏的蛙鸣和荡漾在河面的半个月亮，仿佛是一个朋友在等待着，要与我共诉衷肠。我在想，人生在世，总有悲欢离合，不必苛求完美，也不可能达到完美。

夜风不停撩起我的头发，它在延伸着我的怀想，加重着我的思念。漂浮在水面的那个半月，似乎就是你在我身边，一举一动，一颦一笑，都呈现在眼前。顿时我觉得，自己不再是一个孤独的人。这时，我感到淡淡的月夜挺美，淡淡的感觉尚好，淡淡的思念很惬意。也许，只有经风沐雨的人，才能有此种感悟，才可领略到静谧的真谛。

河水轻轻地拍打着河岸，发出阵阵涛声，呼唤着我的冥想。红尘之中，人就是一颗游走在尘埃中的惊魂，总在不安中震荡这个世界，同时也在动荡自己。我们每天都在喧嚣里打拼，为生活劳碌奔波，难得有这样的时刻，当月亮在浩渺的天空升起时，心已沉醉于这温柔的月色。感受一份静悠，一份闲远，一处淡然，一点惆怅。人生耕耘几十年，收获的无非就是岁月沉积的平凡；一辈子的追求，得到的也不过是生活见证的真实。

在没有回音的寂寞中，我不得不打开记忆的书刊，默默地诵读，那些浸透着心血的眷恋文字，将过往的点点滴滴重新拾起。你那灯火阑珊处的身影，依然是那样的清晰可人。细数往昔，你的清纯和美丽、浪漫的情怀、醉人的笑靥，连同那些难忘的欢愉和快乐，一次次在心中点燃，在脑海浮现。

下弦的月，多多少少带着一点忧伤的色彩。有人说，原本就是一次遇见，为何要苦苦地眷恋；原本就是一种不经意的回眸，为何要认认真真地捡起；原本就不属于你，为何非要纠结不清。许多的往事与未来，需要保持平静，无需无味地自残。这些道理人人都明白，但是面对世间的爱恨情仇，谁人管控得了、把握得住？

夜已很深，半圆的月亮将渐渐隐没。我像漂泊半个世纪的浪人，还在漫无边际的盲走，身无所可栖。无论如何，在这静美的夜里，我还是要蘸一笔月色，写一篇清浅的文字，把思念和心事放飞到你的身旁。你能否感到，有人在默默地遥望，默默地念想，直到月下树梢，悄然入梦。

诗歌，生命的禅房

“曲径通幽处，禅房花木深。”所谓禅房，是僧徒或者尼姑们静修居住、讲经诵佛的地方。禅房里有当当作响的木鱼，厚厚的经书，天籁般的音乐，给人以平静、淡然和神秘。诗歌是什么？诗人闻一多说过，诗歌集绘画美、音乐美和建筑美于一身。在诗歌里，你会体味到她与禅异曲同工之妙。

一个人活在世上，要有滋有味的生活，必须始终有一种精神力量的支撑。回过头来看看自己或深或浅的脚窝，才觉得我的精神支柱就是诗歌，离开诗歌这块沃土，就意味着人生的残缺，就失去了平静而温暖的家园。

有人认为，诗歌是一种修行方式，就像佛教徒那样专心致志地念经，在修炼的过程中，某种意识就会被唤醒、被激活，从而进入无穷知觉的境界，使人性得到开悟和升华。我选择了诗歌，就是选择一种生活方式，而且是自己心满意足的方式；写诗，就是人生的一种修行，去完成对生活和人生的思考，达到诗我融合的境界。

佛经里有一句话，“修行是一条路，一条通往自我内心最深最远处的路”，在这条路的尽头，就是智慧之源。我认为，人只要有了自我觉悟，一定是在修行之中走向生命的完美。诗歌本身也是一条漫长的路，需要付出千辛万苦去追求，才能抵达她的巅峰。哲学家尼采说，“生命是不断地从自己抛弃将要死灭的东西。”人生就是自我征战的过程，今日之我与昨日之我挑战，明日之我与今日之我挑战。写诗，也是自己同自己征战的过程，用诗性来改变人性，冲刷灵魂里藏匿的污垢，抛弃生命里将死的东西，把自己从庸俗和动物性中提升出来，不断地超越自我，更新自我。

我是个凡夫俗子，不想做什么圣贤，也当不了高人，只想离人情世故、龌龊的空气远一点，让自己放松一点，自由一点，清净一点。这就要给自己找一块心灵的栖息地，用这个小小的空间，来安放浮躁的心情和脆弱的灵魂，给幻想一个依托，给未来一个导向，用它来消解生活中的一些纠结和烦恼。面对现实残酷的现实，生活的艰辛。于是，很多人开始寻找各色精神寄托，而我义无反顾地选择了诗歌。

幽静的夜晚，坐在书桌前，在铺开洁白的纸笺，拿起笔的时候，就会顿悟这才是自己的领地，想象的空间被无限地延展。此时，不会去想一首诗如何开头，如何结尾，如何谋篇布局，也不会考虑别人怎么看你、怎么说你。只需捡拾起自己的记忆，去追溯那些曾经发生的故事。在皎洁的月光下，静静的窥探自己灵魂深处的秘密，让心灵与诗亲密对话，把所有的情感都交付给晚风和活蹦乱跳的汉字。

进入诗歌的领地，就像踩着季节的芳踪，与高洁和雅致实现最美交臂。在诗歌的禅房，你会感到这个世界是那么辽阔，梦想是那么幽远，路途是那么绚丽，生活是那么多姿。她让人带着一颗闲适的心，带着一种灵动的情，甚至带着不安的灵魂，在这个空间里翱翔和修炼。同时，你会觉得，自己真的生了一双慧眼，把人间的事物看得清清楚楚，明明白白，真真切切。

佛教有两点是与诗歌相通的，劝善和安心。劝善，就是劝人积德行善，只要心存善念，定会得到好报。诗歌同样是向善的，它有潜移默化的教育功能。好的诗歌，可以提升人们的精神境界。我的诗不一定都是好诗，但当写完一首诗，不管表达的是什么，自己的心都会如释重负，所有的不快和烦恼都烟消云散，一种禅意就会在心中慢慢升腾，杂乱无章的欲念就会渐渐下降，身体就会变得愈发轻松。安心，就是改变心境，以平常心看待世间琐事，一切事情顺其自然就好。真正修行的人，要耐得住寂寞，下得了狠心，不为世俗所诱惑，诗人何尝不是如此。守住内心的平静，也就守住了一份真实和快乐。

诗的空间很精彩，心灵的世界完全由自己用词句来打造。她隔离了让人纠结、矛盾的纷纷扰扰，创造了一个自由、包容、平等的空间，让人体验到了家的温暖和爱，并在这个氛围里获得了力量。如果没有诗歌，人生所有的季节，都无法拼接出完美的画卷。其实，我只是一块心灵领地、一个自由的空间里的开拓者，“心之所引，我手写我心”，创作的过程，就是不断地改变自己心境，净化自己灵魂的过程。

诗歌，生命的禅房。它是让人心境感到自在的地方，让人修行成长的地方。有人问，假如生命还有一年，你该做什么？我还是唯诗是念，唯净土、平静、空灵是求，让生命化作诗样的莲花。借诗修行，把人生引向光明。

一把带伤的紫砂壶

阳春四月，风景如画，是郊游的好季节。但是，室外杨絮如雪，漫天飞舞，无孔不入，让人过敏，懒得出门。恰好一场夜雨，天气变得洁净，格外清爽。因昨夜写作较晚，早晨睁眼已近九点，太阳早已晒到屁股。

早餐过后，来到工作室小练几笔。两个小时余，觉得有些疲劳，便到茶桌前烹茶，品茗自乐。茶于杯中，清香漫溢，扑鼻而来，顿觉精神爽朗。品饮之中，端详桌上的那把茶壶，越看越有意味。这个深栗壳色小壶，直径只有八厘米，高不足六厘米，做得精巧玲珑，壶壁也无绘画、题字、雕刻之类，通体圆滑，朴实耐看。与其他壶不同的是，直柄如勺，受过创伤。把柄根部一圈银片箍固，以弥补断臂带来的损伤和不雅。

别人看一把带伤的壶，可能会嗤之以鼻，可偏偏博得我的青睐。这把小壶原是别人的用品，因为有缘，才到了我的身边，为自己享用。五年前的一个夏天，去南京开会，晚上朋友小聚，餐后青年书法家阎揆带我去茶社品茗，开茶社的是他的朋友。茶社的面积很大，茶的品种很多，都是全国各地的名茶，还有各式各样的茶具，以紫砂壶最多。茶桌是红木做的，珍贵而又华丽，边上还有一个书画用的大案子。整个店收拾得井井有条，装修精致大方，文化气息浓厚，给人的第一印象就是文雅。

我们相互介绍之后，落座品茶。老板是个陈姓福建人，三十多岁，看上去是个精明能干的人。品饮之间，他拿出许多种茶让我们品尝，并介绍了很多茶和壶的知识。他说，茶叶吸收日月之精华，是云雾风霜、莹雪雨露浸润的灵异之物。精心加工制作的极品茶，是天地之精魂，是涅槃的凤凰。

茶，最早是寺庙僧侣写经诵经提神的饮品，它与佛有缘。后来，文人墨客和士大夫们把饮茶、品茶、斗茶作为一种风雅，茶又结了文化缘。自陆羽写了《茶经》以后，茶由神秘的寺庙和社会高层的奢侈品，如天女下凡，走进了烟火人间，才与平凡大众结缘，饮茶逐渐成为整个社会的风尚。当然，寻常百姓所饮用的茶，多为中下品质，虽然谈不上什么文化，但因它对人体有诸多裨益，所以成了大家生活中不可或缺的必备用品。

喝茶当然要用壶，用壶更要有好壶，好壶便是紫砂壶。紫砂壶的制作已有五百年的历史，紫砂茶具，造型简练、大方，色泽淳朴、古雅。用其泡茶，使用的年代越久，壶身色泽就愈加光润古雅，泡出来的茶汤也就越醇郁芳馨，甚至在空壶里注入沸水都会有一股清淡的茶香。

明、清时期，紫砂文化发展最为鼎盛，文人墨客在浅饮轻酌之中成就了它的精魂，之后紫砂壶的余韵被流光溢彩地延续。由于历代文人的积极参与，提升了紫砂壶的工艺和艺术价值。明代唐伯虎，不仅风流点秋香，还亲自设计创作紫砂壶。董其昌也曾和匠人合作制壶，在壶上挥毫泼墨、题诗作画，使这些紫砂神品有了灵性，充满人文和艺术的韵致。

好女要疼要爱要宠，好壶要养要知要护。《阳羡茗壶系》有云，“壶经久用，涤拭日加，自发黯然之光，入手可鉴。”紫砂要养，手抚茶润，年月愈久远，越存精气神。其通身散发的茶香，正是紫砂的灵性所在，这就是壶茶合一，人壶合一。

紫砂壶在人和茶的滋养和呵护下，通体散发着一种高贵与祥和的亚光色，表现出“外类紫玉，内如碧云”的状态，壶茶相依，人壶融和。人与壶可以共语时，灵物紫砂就绽放出生命的高贵和雅致，延续着人生的魅力和绝唱。

我不善品茶，不通《茶经》，更不懂茶道，从无两腋之下习习生风的经验。但是，几十年来，也喝过不少茶，什么大红袍、金骏眉、凤凰单丛、雨花、苦丁，什么西湖龙井、云南普洱、武夷山岩茶、安溪黑茶，甚至不登大雅之堂的茶叶末儿都品尝过。

第一次接触茶，是在孩时时代。上小学的时候，每年暑假，都要到在新浦工作的姑姑家小住几日。姑父爱喝茶，视茶如命，他牙齿上黑黑的茶垢，便知一斑。看他喝也挺有意思，一把紫砂大茶壶，每次泡了之后，倒在小瓷杯里，先是闭上眼睛闻一闻，然后呷一小口，停了好长时间，才徐徐咽下，神情很是惬意。每次到姑姑家，都要和邻居小朋友们一起玩耍，玩累了，满头大汗跑回来，就会拿起茶壶倒上一玻璃杯痛饮，虽有苦涩，却真解渴。

有一次，姑父上班，我看茶壶内满是茶垢，脏兮兮的，就把它洗了，我以为做了件好事，等着姑父表扬呢。可是，姑父下班看他的茶壶被洗得干干净净，怒目圆瞪，指着我说，“我的小祖宗，我这么多年的心血全给你洗没喽。”他那种痛苦状，至今都难以忘怀。长大后，我才知道养一把好壶的时间和艰辛。姑父已经过世，中间孝敬他很多，但总觉得还欠他点什么。

大家在一起谈茶论道，很是投机。这时，我对陈先生说，“你这里的紫砂壶档次都很高啊。”他说，“也不尽然，关键是否有缘。”阎揆说，“李部长如果看好，就拿一把。”我说，“不敢夺人所爱啊。”陈先生说，“都是朋友，看好就拿走，不用客气啦。”我说，“好，够意思。”我指着桌上的一把壶把包有金属皮的壶说，“这把不错。”陈说，“这是把残壶，把子碰断后又补的，还挑把其他的壶吧。”我说，“就是它啦。”我便成了这把残壶的主人。

金无足赤，人无完人，残缺也是一种美。我不知道这把残壶的价值是多少，也没有过问它伴随前主人的时间，但我如获至宝，我觉得这把带伤的壶，或许是世界上唯一的壶，更觉得它像我的人生经历。我出生在三年困难时期，成长在“文革”动乱年代，下过乡，当过兵，干过杂活，人生在世近六十载，酸甜苦辣尝个遍，有欣喜也有伤痛。但它丰富了我的人生，让我懂得在生活的道路上，怎样去做人做事，怎么面对艰难困苦，怎样为理想目标去奋斗。

这把带伤的紫砂壶，摆在茶桌上，我经常凝视它，经常想象它，经常把玩它，也许它要伴随我走过后半生。

梨园里，走着想着醉着

阳春四月，暖风携夹小雨悄悄地来临，蛰伏一冬的万物，开始活蹦乱跳起来，大地一片盎然春意。

打开手机，微信圈里也是一片繁忙，让人眼花缭乱。忽有一组照片吸人眼球，网名为：梨，又是一个痴迷于梨花的人。照片构图简洁完美，清新靓丽，风姿卓著。你看那一树一树的白，清秀娇美；那一瓣一瓣的纯，宁静高贵；那个温婉绝尘、一袭红装的女子，衣袂飘飘，娟秀玲珑，点缀在无垠如雪的花海之中，异常生动，秀色可餐。它使我想起歌曲《飞天》中的一句词，把它改一下：梨花梨花满天飞，你为谁妩媚？

美的图画，勾起美的回忆。不知是照片中一簇簇的白，还是隐没在花海里的黑眸，蓦然间触动了隐藏在心灵深处那根弦，它让我的思绪在瞬间穿过历史时空，打开记忆的相册，诗情画意，过往如昨……

那一年农历四月，正值梨花怒放的季节。几个文友相约去灌云沂北春游，观赏梨花。这是一处有着几十年历史的老梨园，一眼望去，一幅梨花胜雪、洁如初生的画面，精美壮观，煞人眼球。循着香甜如酥的芬芳，来到繁花似锦的梨园。树干粗而短带有细细裂纹，看上去憨态可掬，树冠硕大，修剪得错落有致，层次分明，非常得体，每一棵梨树都是一个大盆景。粉黛如脂的梨花，盈盈的挂满树冠；洁白如雪的梨花，在清风中摇曳着婆娑身影；那些蜜蜂彩蝶，在花丛中翩翩起舞，不离不弃。

乡野的气息，原始而生动，令人心旷神怡；梨园的胜景，无瑕的洁白，浸染着人的灵魂。在乡野梨园，没有了城市的拥塞感，顿生远离城市喧嚣和嘈杂的欣悦，心一下子变得恬静、明朗和简单。

梨花，在经过夜雨洗涤之后，更加的娇嫩，冰体玉肤，凝脂欲滴。大文学家文徵明在《梨花》诗中有“粉痕白露春含泪”的句子，梨花带雨悲而不伤，却写出人间极致的美，那点点滴滴的水珠，不需要春风吹送，便会引出心湖一圈圈怜和爱的涟漪。

我们漫步在梨花树下，淡淡的清香不断地钻进鼻孔，清爽宜人，沁人心脾。那一片片洁白的花瓣，裹着红中带黄的花蕊，煞是可爱。暖风丝丝拂面，片片洁白的落英，降在我们的肩头和发间。让人感叹梨花的美丽，也惋惜满地的花瓣。我曾问过文友为什么将梨字做网名，她说只是喜爱。

梨花，从来不与同类争芳夺艳，处事很低调。它不像玫瑰那样红艳诱人，看去热情似火；不像牡丹那样高贵富有，受到人们的追逐膜拜。它既没有百合的典雅端庄，也没有桃花的妩媚妖冶。但人们喜欢它的自然，它的玉洁，它的雅致，它的无私和顽强的精神。因此，梨花是古今中外文人墨客，所追捧的“高雅之花”。特别是那些多愁善感的诗人们，对梨花更有怜香惜玉之心。他们用生花的文笔，把梨花写得妙趣横生，淋漓尽致，留下了很多描写梨花神气韵致的诗篇。

独步古今的苏东坡《东栏梨花》写道：“梨花淡白柳深青，柳絮飞时花满城。惆怅东栏一株雪，人生看得几清明。”描写了梨花“清明”的品格，用以抒发人的一生正道直行，清廉洁白，坦荡如砥。南北朝的王融在《咏池上梨花》感叹：“芳春照流雪，深夕映繁星。”温庭筠有诗云：“梨花雪压枝，莺啭柳如丝。”雷渊赞梨花：“雪作肌肤玉作容，不将妖艳嫁东风。”这些都是赞美梨花的白清如雪，素洁淡雅，靓艳含香，风姿绰约，真是“占断天下白，压尽人间花”的气势。

大诗人岑参则从另一个角度把飞雪比作梨花：《白雪歌送武判官归京》中，“北风卷地白草折，胡天八月即飞雪。忽如一夜春风来，千树万树梨花开。”以雪喻花，以花喻雪，具有异曲同工之妙。但更妙的是“花开白雪香”，古人把雪与梅花作对比，说“梅须逊雪三分白，雪却输梅一段香”，将梨花与雪、梅相比，梨花既不逊雪之白，也不输梅之香。读古人的梨花诗，便觉有清香从纸上飘出，清凉怡人。李白说：“柳色黄金嫩，梨花白雪香”；陆游则读花微醉了：“粉淡香清自一家，未容桃李占年华。常思南郑清明路，醉袖迎风雪一杈。”

“梅花雪，梨花月”，月下梨花，更有一番风韵。“一树梨花一溪月”，在皎洁的月光之下，在潺潺小溪的伴奏之中，那一树梨花简直像缥缈的仙子一样可爱。

“梨花院落溶溶月，柳絮池塘淡淡风”，院子里梨花盛开，月光如水；池塘边柳絮轻漾，春风和煦，是何等的良辰美景！“静夜沉沉，浮光霭霭，冷浸溶溶月。人间天上，烂银霞照通彻。”丘处机《无俗念·灵虚宫梨花词》：“云满衣裳月满身，轻盈归步过尘”，夜色朦胧，星月临空，梨花似月若云在春风中轻盈舞，偶有花瓣飘落，好似月光在闪烁，月色与梨花完全融合在一起了。这样美妙的境界，怎不令人心驰神往，陶然怡悦。

人们钟爱梨花，因为它白得自然，白得纯粹，白得无瑕，如雪一般晶莹；还因为它美而不娇，秀而不媚，倩而不俗，似玉一般纯洁；更因为它沉淀净化人们的心灵，美化无声无息的环境，给我们一个恬静，爽朗，清香四溢的世界。我们在梨园里走着，想着，说着，慢慢地迷醉在荡漾起伏的花海里。

灵隐山麓，把酒问盏

秋天是丰满的，秋风送爽，秋雨潇潇，秋色迷人。在中国作协杭州创作之家的休假临近结束。

这些天，我们生活在创作之家，无论是参观访问，还是采风会友，心情都是愉快的，休闲的，浪漫的，而且都有自己的收获。看了许多美景，产生很多感悟，捡拾好多词句，写下些许文字。

下午，在杭州工作的文友李惊涛来电，说要来创作之家看望我们。喜出望外，心情感到格外兴奋。为了等待他的到来，我和文宝兄再次来到灵隐寺小逛，在凉爽的秋风中行走，我们谈着，笑着，拍照着……

惊涛兄是我们多年的朋友，为人随和，头脑聪慧，才华横溢，极富文人气质。一直以来，他坚持潜心文学创作，是文学评论高手，成绩斐然。他曾在《连云港文学》做过编辑，在市电视台做过台长，培养了一批文学青年，对连云港的文学事业发展是有功之臣。十年前，老兄辞去台长职务，来到杭州一所大学执教。

没写几个字就兄来兄去的，这使我想到多年以前，有人曾经问过我，“李部长，你们文学界的人到一起，怎么都是称兄道弟的，给人感觉有点像黑社会啊。”我说，“那你就错啦，文学界相互称呼基本上是两种，一是称先生，二是称兄，没有喊弟的。它是一种尊称，没有老少辈份之分，没有贫富贵贱之分，以示在文化面前人人平等。你看人家大文豪鲁迅，称夫人许广平是一口一个广平兄，翻看一下《鲁迅全集》的信札卷，可见一斑。”

五点多钟，惊涛兄如约到来，适逢作家创作基地举行休假结束晚宴，由于这次来的作家多数不能喝酒，惊涛兄也较陌生，聊不到一块，上不来气氛，晚餐早早就结束了。我们三人意犹未尽，随邀一位女作家戈女士（少数民族诗人，虽然年近不惑，但风韵犹存，酒量尚可，有北方女汉子的气度），来到离创作基地不远的孟庄村，在一个富有诗意的“灵隐餐馆”再次小酌。

我们点了几个小菜，要了“小糊涂仙”便喝将起来。边聊边喝，把酒言欢；推杯换盏，古今中外；开怀畅饮，海阔天空。席间，惊涛兄提到诗歌，举起拇指说，“锋古兄的抒情诗写的特别棒！”他说，曾给锋古兄写过一个评论，里面有这样一段话：“抒写与讴歌爱，从来不是拜伦和雪莱的专利，锋古先生也有极限表达。诗人在《为你，……》中，对内心炽热的情爱直抒胸臆，抹掉了郭沫若时代的背景黏滞，给人的感觉是相爱就写爱，想唱就高歌。近乎迷狂的极致情感，诗人在《石棚山的夏夜》里，用读书意象作了淋漓尽致的表现：‘月光下，你像一本 / 刚刚出版的新书 / 让人如饥似渴地去阅读 / 一个痴狂的人 / 用不了一晚 / 就会把书翻烂。’爱情的力量到底有多么巨大?《你是我的海》道出了诗人心声：‘会义无反顾地跳进大海 / 让你亲眼看到 / 是怎样死在你的怀里’。”我说，“老兄过奖了，诗无止境，尚须努力。”

文宝兄说，“锋古兄的诗确实写得不错，女人是他诗歌创作的源泉。”我摆摆手，“话可不能这么说，说出去会引起歧义的。”他又瞥一下戈女士，笑笑说，“戈美女诗也写得很好哦。”戈女士说，“张主席说得对，写爱情诗，女人是男诗人的描摹对象，男人则是女诗人歌颂的首选。爱情，不就是男女之间的事吗?诗歌创作就是要在女人身上找灵感，有什么不能说!”她让我无语，我说，“喝酒，喝酒。”三人都喝了一大杯，超爽。

为转移话题，我说，“文宝兄是省作协领导，他的水平比我高，小说、散文、报告文学无所不能，九十年代初《东方大港梦》就获得了省里大奖。”惊涛兄接着说，“可不，文宝兄是个很努力的人，创作成就非同小可。他又是个有定力、很内敛的人。”我问道，“此话怎讲？”他应道，“俗话说，好事人人有，不露是高手，文宝兄是真人不露相啊。”文宝点着他说，“你是夸我还是贬我，没有的事上哪里露啊。”在阵阵欢声笑语中，三瓶酒已经下肚。

就在我们想打道回府之时，外面电闪雷鸣，下起倾盆大雨，真是人不留人天留人。走不了，就继续喝。我让老板再拿一瓶酒来，老板说小糊涂仙只三瓶，让我们给喝光了，要不要换其他的酒。文宝兄说，“白酒不要啦，喝点啤酒算了。”大家一致同意。

在中国，酒文化根深蒂固，已经融入人们的日常生活和精神领域。诸如，有朋客来，摆酒洗尘；闲时相聚，把酒言欢；喜事临门，举杯相庆；愁上心头，借酒解忧。从古至今，从皇宫到市井，从达贵到布衣，从才子到侠客，从须眉到巾帼，酒是一路播种，一路开花。“天子呼来不上船，自称臣是酒中仙”，太白是何等的不羁；“艰难苦恨繁霜鬓，潦倒新停浊酒杯”，少陵是何等的无奈！你看荆轲接过太子丹的酒杯，一饮而尽后碎杯于玉阶，踏着易水的波涛渐渐地远去，背影虽不断模糊却不弯不曲。再有，武松在景阳冈醉拳猎杀大虫的惊人壮举。我们算不上才子佳人，更不是豪侠大汉，但是在凉爽的雨夜，四兄对饮，说东侃西，儒雅加豪气，也可谓完美神交。

在醉眼蒙胧之际，我们问起惊涛兄在杭州的执教生活。他说，“这边的生活条件和工作环境很好，平时上上课，写点文章，各方面都不错。但最让人郁闷的是没有说心里话的地方，像我们这样朋友聚在一起开怀畅饮、海阔天空的情形就更是没有了。”是啊，人到中年背井离乡，远离亲人和朋友，到一个人生地不熟的地方工作和生活，不能不说是一种痛苦的选择，他个中的无奈、寂寞和悲苦，是完全可以体味和理解，但愿惊涛兄的心情能慢慢好起来。

酒与豪气相伴，与文化为伍，与情感有份，与精神结缘。说起酒来，鄙人的酒量真的不是太好，但自己军人出身，脾性耿直，有酒必喝，畅快淋漓，酒名在外。我喜欢酒，但并非嗜酒无度，也反感酗酒，酒场上应酬时总能保有三分理性。其实，喝酒实际上喝的是一种心情。“酒逢知己饮，诗向会人吟。”此次痛饮，实乃情趣相投，文客笔友，才相约把盏，吟诗谈文，自然是心情愉悦，雅趣大添。

“有花方酌酒，无月不登楼”，真是酒兴由情生，心情添酒意啊。雨继续下，话继续说，酒继续喝，心情也随着室外沥沥淅淅的雨声，一路高歌猛进……

实践前沿

浅析专项债券在PPP项目融资中的应用
——以浙江省台州市黄岩区为例

蔡 义

（作者单位：浙江省台州市黄岩区发展和改革局）

摘要：随着2017年国家发改委《政府和社会资本合作项目专项债券发行指引》的正式印发，PPP项目融资模式还需进一步优化。当前PPP模式肩负着历史使命，也拥有光明的前景。通过文献综述和政策解读，以县区级政府在PPP项目融资过程中遇到的问题为导向，对比分析专项债券在PPP项目融资的优势，来探讨专项债券在融资中的实际应用。

关键词：PPP项目；融资；专项债券

2017年4月25日，国家发展改革委正式印发《政府和社会资本合作项目专项债券发行指引》（以下简称《指引》）。政府和社会资本合作项目专项债券（PPP项目专项债券）是为PPP项目融资量身打造的，也是国家发展改革委继PPP项目资产证券化之后，又一次为推动PPP科学发展出台的重大政策，释放出积极、利好信号。

一、专项债券与PPP项目融资

债券是一种有价证券。地方政府债券按资金用途和偿还资金来源分类，通常可以分为一般债券和专项债券。一般债券是指地方政府为了缓解资金紧张或解决临时经费不足而发行的债券；专项债券是指为了筹集资金建设某专项具体工程而发行的债券。

PPP（Private Public Partnership）的基本定义为政府与私人资本在基础设施和公共服务领域形成的各种合作关系，其基本功能包括融资功能和提升公共产品和服务供给效率。PPP 项目融资是指在 PPP 模式下，项目公司只作为融资载体，项目公司仍需要融资工具进行融资，其资金来源是多样的，如常见的商业银行贷款、基金、资产证券化等。

二、专项债券在 PPP 项目融资中的优势

国家发改委在《政府和社会资本合作项目专项债券发行指引》中提出，政府和社会资本合作（PPP）项目专项债券是指，由 PPP 项目公司或社会资本方发行，募集资金主要用于以特许经营、购买服务等 PPP 形式开展项目建设、运营的企业债券。

1. 借助资本市场的力量，满足 PPP 项目差异化融资，提升对投资者的吸引力。《指引》中明确，鼓励上市公司及其子公司发行 PPP 专项债券。这与台州市在全国率先出台的 PPP“台九条”中的两个常态高度契合：让符合条件的项目采用 PPP 模式成为常态；让民间投资进入 PPP 项目成为常态。PPP 项目专项债券鼓励企业，特别是上市公司及其子公司发行转型债券，这促进 PPP 项目与资本市场的结合，鼓励了更多社会资本的进入。

2. 拓宽 PPP 项目融资渠道，改变以往主要依靠银行贷款等间接融资方式的融资格局，逐步降低融资成本。PPP 项目大多存在投资规模大、期限长、预期收益不稳定等情况，传统银行信贷模式难以满足 PPP 项目融资要求，而且银行贷款一般手续烦琐，需要抵押担保等条件，这也限制了企业参与 PPP 项目积极性。《指引》中提出，在相关手续齐备、偿债措施完善的基础上，PPP 项目专项债券比照国家发改委“加快和简化审核类”债券审批程度，提高审核效率。

3. 提供 PPP 项目全生命周期，促进 PPP 项目的标准化和规范化，促进多层次资本市场的形成。《指引》中提到，PPP 专项债券可用于项目建设、运营，这样与 PPP 资产证券化二者形成互补，从而有效覆盖 PPP 项目的全生命周期。此外，专项债券的发行不仅满足 PPP 基本融资需求，还可能通过资本市场和信用体系建设双重力量，促进政府行为规范化和合同履约难等 PPP 难点问题的解决，进一步推动 PPP 领域创新发展。

三、PPP 项目融资主要渠道

1. 银行贷款。银行贷款通常用于建造大型基础设施、房地产项目等，借款人通常是为建设、经营该项目或为该项目融资而专门组建的企事业法人，包括主要从事该项目建设、经营或融资的既有企事业法人。其还款资金来源主要依赖该项目产生的销售收入、补贴收入或其他收入。在地方政府的公建项目中，以项目贷款或者中长期贷款最为常见。

2. 基金。基金一般以股权投资、债权投资及股债结合的方式投资于 PPP 项目。由于基金是投资者资金的集合，PPP 项目面临着向投资者返还收益及本金的问题，无法长期满足项目需求。因此，实际操作中通常会要求 PPP 项目在一定时间内回购等来保障基金投资人的退出，这与 PPP 项目投资大、周期长的基本特点难以契合。

3. 资产证券化。2016 年 12 月，国家发展改革委、中国证监会正式印发《关于推进传统基础设施领域政府和社会资本合作（PPP）项目资产证券化相关工作的通知》。《通知》中明确，各省级发展改革部门应大力推动传统基础设施领域 PPP 项目资产证券化。资产证券化是指以基础资产所产生的现金流为偿付支持，通过结构化等方式进行信用增级，在此基础上发行资产支持证券的业务活动。虽然在一定程度上解决了一些社会资本的退出问题，但是资产证券化要求 PPP 项目建成且已经运营两年以上，这使得 PPP 项目在前期融资成为难题。

四、黄岩区 PPP 项目融资现状

自六部委联合发布 2015 年第 25 号令《基础设施和公用事业特许经营管理办法》以来，PPP 项目可以以小资源撬动大项目，在保增长的压力下，深受各级政府青睐。除此之外，各级地方政府受债务影响，在 PPP 项目前期谋划时对其融资工作较重视。但受财政实力、政府信誉、专业知识等客观因素影响，特别是在县区级政府，其 PPP 项目融资情况不容乐观。下面以黄岩区为例展开分析。

台州市黄岩区，位于浙江省东南沿海，全区常住人口为 63.21 万人，外来人口为 14.04 万人，2016 年区一般公共预算支出决算为 40.34 亿元。该区模具产业发达，被誉为“模具之乡”，2017 年被评为全国综合实力百强区。在 2017 年区政府与社会资本合作（PPP）项目库中，现有谋划储备 PPP 项目 28 个，总投资约 898 亿元。其中 8 个项目总投资约 211 亿元，已进入融资前期商谈阶段。就目前情况来看，黄岩区 PPP 项目在融资过程中出现的问题具有普遍性和代表性。

1. 融资方式过于单一。从理论上来说，融资的多样性有利于风险的分散。但就现实情况来看，由于银行贷款的期限相对有限，尤其是中长期资金供给严重不足，PPP 项目对银行贷款过度的倚重，难以满足其投资大、经营期限长且收益不高的资金需求。梳理 2017 年黄岩区 PPP 项目库，目前已进入前期融资谈判的 8 个项目，已完成或正在编制的实施方案、财政承受能力论证报告及物有所值评价报告的项目中融资均已银行贷款为主。

2. 融资成本相对较高。PPP 项目融资需要的是成本低、周期长的资金。黄岩区进入前期融资谈判的 8 个 PPP 项目，在实施方案中，均有政府方除了承担相应的资本金外，不承担其他融资义务及其他任何形式担保或增信的条款。但在金融机构看来，PPP 项目在抵押上没有优势。PPP 融资一般都是基于项目公司，一方面固定资产并不是很充分的，大部分都是在建项目，是无法正式抵押；另外一方面社会资本方也很难提供全额担保。PPP 项目融资实际上使用的是一种有限追索权的贷款，因此，为了提高项目对社会资本方的吸引力，在融资方案中设置的利率条件基本上维持在基准上浮 20% 左右。

3. 融资还需提高项目质量。PPP 项目“重融资、轻管理”情况容易导致项目在选择上出现盲目性。2017 年黄岩区谋划储备的 28 个项目，拟采用 PPP 模式的基本上以政府付费回报机制为主。除此之外，目前在黄岩区拟实施 PPP 项目主体，基本上都是与社会资本方合作的融资平台公司，交通类的由交投公司，水利类的由水投公司，市政类的由社投公司等。这些融资平台公司均为国有独资企业，自身资产规模较小，抗风险能力不强。

五、专项债券在 PPP 项目融资中的应用

1. 筛选符合发行专项债券的 PPP 项目。根据《指引》，现阶段支持重点为：能源、交通运输、水利、环境保护、农业、林业、科技、保障性安居工程、医疗、卫生、养老、

教育、文化等传统基础设施和公共服务领导项目。其覆盖面较广，目前黄岩区拟实施的项目均符合相关要求。但在《指引》的发行条件中第五条，明确PPP项目应能够产生持续稳定的收入和现金流，项目收益优先用于偿还债券本息。来源于政府付费和财政补贴的项目收益应按规定纳入中期财政规划和年度财政预算。结合黄岩区现已进入实施阶段的8个PPP项目来看，台州市鉴洋湖城市湿地 公园和台州市新兴产业基地这2个项目较为符合。其余纯政府付费项目，其项目所有权也在政府方，在融资过程中，银行贷款与专项债券发行的最后的核算成本差别不大。

2. 寻找发行专项债券在PPP项目融资中的介入时机。根据《指引》，在发行条件中第二条，明确PPP项目专项债券应符合《公司法》、《证券法》、《企业债券管理条例》和国家发改委相关规范性文件的要求。其中，以项目收益债券形式发行PPP项目专项债券，原则上应符合《项目收益债券管理暂行办法》的要求。《项目收益债券管理暂行办法》第二十条规定：项目收益债券募集资金投资项目原则上应为已开工项目，未开工项目应符合开工条件，并于债券发行后三个月内开工建设。也就是说，三个月内开工的项目，和已开工的项目，都可以发行项目收益债。PPP项目专项债券如果发行的是项目收益债，即可以按照这一规定执行。因此，黄岩区具有项目收益权的PPP项目，应根据实际情况，尽可能早地介入谋划项目债权的发行。但要注意审核要求第六条的时效规定：PPP项目专项债券批复文件有效期不超过2年。债券发行时发行人自身条件和PPP项目基本情况应当未发生可能影响偿债能力的重大不利变化。

3. 有效地运用PPP项目融资中的专项债券。PPP专项债的发行，不可避免地需要同市场上其他类型的债券竞争，但如何有效地运用，合理地进行风险评估，降低目前尚不明确或难以预估的专项债券发行所产生负面影响。我们可以通过逐步探索健全PPP项目合作配套的政策措施，较为有效地管理PPP项目融资中的专项债券。首先，我们出台PPP项目发行专项债券的相应优惠政策。在目前PPP项目所得税等方面尚无法规、条例可遵循。在尽可能的情况下，针对发行专项债券的PPP项目给予更多的政策优惠和税收减免，缓解因公建项目投资期限长、回报率低等客观问题对社会资本方和债权人产生的风险，从而降低PPP项目参与成本。通过政策优惠的方式从侧面提高PPP项目的投资收益率；其次，逐步建立PPP专项债券的评级机制。通过结合发债项目所处的经济环境、政府信誉、社会资本方的实力等要素，建立相应平台公布 PPP 专项债券的评级系统，加强信息披露制度，保证项目运行的透明性和规范性，减小信息不对称产生的发债难问题，利用市场的方式筛选优质的专项债券，服务于公共领域的建设与发展。最后，建立相应的债券违约预案机制。为防止债券违约，应结合项目难度、企业实力、违约历史等，建立相应的违约赔偿准备金或者基金，保障债权人的利益。同时还可以建立问责机制，对于逃债、违规担保等行为进行制度硬约束，明确项目运行过程中的相关责任人，通过权责明确来推动 PPP 项目融资中的专项债券有效地运行。

参考文献：

[1] 杜静，许祥 . 项目收益债在 PPP 模式下的运用分析 [N] 工程管理学报 2016(5); 30.

[2] 国家发改委办公厅 . 政府和社会资本合作项目专项债券发行指引 .[Z]2017-4-25.

[3] 国家发改委办公厅 . 项目收益债券管理暂行办法 .[Z]2015-7-29.

[4] 国家发改委 . 中国证监会 . 关于推进传统基础设施领域政府和社会资本合作（PPP）项目资产证券化相关工作的通知 .[Z]2016-12-21.

[5] 国家发改委 . 财政部 . 住建部 . 交通部 . 水利部 . 人民银行 . 基础设施和公用事业特许经营管理办法 [Z]2015-4-25.

[6] 郭实，周林 .PPP 模式下项目收益类债券的运行和展望 [J] 债券，2015（6）；13-17.

[7] 曹萍 .PPP 与债券市场的发展 [J]. 中国金融，2015（15）；30-31.